AF176219

Hackerangriff im Autohaus

ANJA BAUER

HACKER-ANGRIFF IM AUTOHAUS

DIE ABENTEUERLICHE RETTUNG UNSERES UNTERNEHMENS

Bibliografische Information der Deutschen Nationalbibliothek
Die Deutsche Nationalbibliothek verzeichnet diese Publikation in
der Deutschen Nationalbibliografie; detaillierte bibliografische
Daten sind im Internet über http://dnb.d-nb.de abrufbar.

Grafik: Nataliia K / Ink Drop / Shutterstock.com
Satz, Umschlagdesign, Herstellung und Verlag:
BoD – Books on Demand, Norderstedt

ISBN 978-3-7568-3188-3

INHALT

WIE ALLES ANFING

An manche Situationen im Leben erinnert man sich nicht mehr, einige Begebenheiten werden sofort vom Gehirn gelöscht – aber es gibt auch Ereignisse, die für lange Zeit im Gehirn eingebrannt bleiben. Ein paar sogar für immer.

Zu so einschneidenden Erlebnissen gehört auch das Abenteuer »Hackerangriff«.

Ich fühle immer noch, wie das Telefon am 11. Juni 2022 klingelte und ich mich über die Nummer wunderte. Vielleicht ist *wundern* das falsche Wort, ich verfalle vielmehr in eine Achtung-Stellung: rasender Puls, Gänsehaut und Herzklopfen beim Blick auf die angezeigte Telefonnummer, vorausahnend und gespannt. Es ist Tim Krämer, unser IT-Dienstleister, der sich schon seit Jahren souverän, verlässlich, absolut unauffällig und professionell um unseren ganzen Computerkram kümmert. Und dieser Tim Krämer ruft nun samstagmorgens um 9:03 Uhr bei uns zu Hause an. Er ruft mich eigentlich nie an, sondern löst alle Computerprobleme im Hintergrund. Aber wenn am Wochenende morgens das Telefon klingelt, versetzt mich schon das visuelle Erfassen der Telefonnummer kurzzeitig in Panik.

Eigentlich sind wir im Juni samstags nicht zu Hause. Wir haben ein Segelboot, und da die Sommer im Norden sehr kurz sind, genießen wir jedes Wochenende, das nicht durch einstellige Temperaturen, Sturm oder Dauerregen als potenzielles Segelwochenende ausfällt, um mit unserer immer kleiner werdenden Familie ein wenig Erholung, viel Meer, Natur pur und ein schönes Wochenende auf dem Wasser zu genießen. Unser Hund darf nicht mit, denn er stinkt uns zu sehr und haart, außerdem gehört er unserer Meinung nach auch nicht aufs Boot. Unsere erwachsenen Kinder sind schon lange ausgezogen, so bleibt nur noch unser Sohn, der immer noch sehr gern mitkommt. Aber am 10. Juni hatten wir uns nach der langen Coronazeit in der Firma das erste Mal wieder getraut, all die Weihnachts-feiern, all die so dringend notwendige Nähe, alle die nicht getanzten und nicht gegrölten Lieder, all den Zusammenhalt eines Familienunternehmens nachzuholen. Wir hatten uns ein prima Burger-Büfett bestellt, gute Musik lief über die Anlage, dann noch einen Show-Act »Mentalist«, ein junger Mann aus Flensburg, der tatsächlich Lügen aufdecken, der wahr-haftig ein Wort aus einem Menschen lesen kann. Ein Mit-arbeiter suchte sich ein zufälliges Wort auf einer beliebigen Seite eines Buches aus und sollte an dieses Wort denken. Und der Mentalist hat tatsächlich das Wort aus dem Gesicht gelesen. Das war sehr beeindruckend. Wir hatten genug getrunken, sodass die Stimmung super war. Wie jedes Jahr gab es offiziell nichts Hochprozentiges, nur Sekt, Wein und Bier sowie Softdrinks – aber wie jedes Jahr hatten die Azubis »heimlich« ein Lager unter einer Tischdecke am Tresen ein-gerichtet und von jedem zwanzig Euro kassiert, der seine

Cola aufpeppen wollte. Wir als Geschäftsführung tun jedes Jahr aufs Neue so, als ob wir nichts davon mitbekämen, und die jungen Leute tun jedes Jahr so, als ob sie sich besonders clever hinter unserem Rücken unbemerkt einen einschenken könnten. Das Wetter war toll, wir standen draußen, tanzten drinnen und feierten uns den ganzen Frust der Coronazeit von der Seele. Eine Bierzeltgarnitur hielt unserer Feier nicht stand, Gläser zerschellten – immer ein Zeichen für eine gelungene Party. Und dieses Zeichen eines Befreiungs-schlages, diese Feier des Zurückbekommens der Normalität, diese Leichtigkeit im zwischenmenschlichen Umgang wurde durch das Klingeln des Telefons und das Erscheinen der Telefonnummer von Tim Krämer jäh zerbrochen, weil ich in dem Moment zwischen dem Blick aufs Display und dem Drücken des grünen Hörers auf dem Telefon dachte: *Tim ruft nie an, wenn es nicht richtig wichtig ist. Richtig wichtig ist es nur, wenn Tim das nicht allein lösen kann. Tim kann eigentlich alles allein lösen, weil er seit Jahren alle IT-Probleme allein gelöst hat. Warum ruft er an, und warum kann er es nicht allein lösen – an einem Samstag, so früh?*

Ich stand gerade in der Küche, der Eierkocher war kurz vorm Piepsen, und die Brötchen hatten wir schon aus dem Backofen zum Auskühlen auf ein Rost gelegt. Wir wissen, dass es Energieverschwendung ist, aber seit Corona haben wir weder Brötchen noch Brot beim Bäcker gekauft. Mein Mann backt mit einem inzwischen elf Jahre alten Sauerteig jedes Wochenende zwei megasaftige, leckere Brote und am Wochenende backen wir – egal ob zu Hause oder auf dem Boot – frische Hefebrötchen. Diese knusprigen Brötchen waren gerade fertig und knackten beim Abkühlen verführerisch vor sich hin, das Wasser für den grünen Tee war auch schon abgekühlt.

Nachdem ich mich gemeldet hatte – ich weiß noch genau, wie ich neben dem Backofen am Fenster stand und rausguckte –, sagte Tim nur: »Wir haben ein Problem.«

Ich wusste schon vorher, dass wir ein Problem hatten, aber wie er diese vier Worte aussprach, drückte eigentlich die ganze Tragweite aus: Schock, Verzweiflung, absolut paralysiert.

»Wir sind gehackt worden, könnt ihr kommen?«

Nun passierten in uns zwei Sachen, die schräg diagonal entgegengesetzt verliefen. Auf der einen Seite bereiteten wir unser Frühstück genau so weiter vor, ließen den Tee ziehen, holten die Eier aus dem Kocher, deckten den Tisch fertig, bereiteten eine Käseplatte vor. Wir sind perfektionistisch veranlagt. Wir fühlen uns wohl, wenn alles ordentlich ist, so auch unser Frühstück, mit passendem Geschirr, Käseplatte, Obst und Ei. Und so lief auch der Prozess des Frühstücks weiter, so wie man an einem Samstag in Ruhe frühstückt, allerdings diesmal ohne Ruhe, sondern in Zeitraffer. Wir gingen auch mit dem Hund noch eine kleine Gassirunde. Was konnte der Hund dafür, wenn wir in der Firma ein Problem hatten? Und am Ende, als der Tisch abgedeckt war, die Geschirrspülmaschine lief, die Betten aufgeschüttelt waren, packten wir eine gute Flasche Braasch Rum und vier Gläser ein.

Parallel zu dem ruhigen Ablauf des Frühstücks, Hunderunde, Betten aufschütteln und Sachenpacken schwirrten sämtliche Fragen in unseren Köpfen umher: Was wird wohl passiert sein? Was haben wir noch, was können wir retten? Können wir überhaupt etwas retten? Was verlieren wir? Haben wir schon alles verloren?

Der Haufen der Fragen sprang in unseren Köpfen, Kleinigkeiten, das große Ganze, einzelne Situationen. Wir wussten nichts, und doch wussten wir alles: Wahrscheinlich haben wir alles verloren. So wie Tims Worte geklungen hatten, wie sie bei uns Gänsehaut den Rücken rauf und runter produziert hatten, so wussten wir: Es musste das Schlimmste sein, das wir uns vorstellen konnten.

Wir hatten eine Bodenständigkeit in uns gespürt, weil es unsere Firma ist und wir sie uns nicht von einem Hacker wegnehmen lassen würden. Wir spürten Sicherheit, weil wir tolle Kollegen haben, wir hielten uns ein Stück weit für unbesiegbar. Gleichzeitig kamen wir uns verloren vor, wir wollten uns nicht von Panik ergreifen lassen, wir hatten Angst, die Augen aufzumachen, um zu sehen, was wir vor dem Nichts standen.

Als wir in der Firma ankamen, wirkte alles friedlich, der Parkplatz war leer, fast kein Straßenverkehr zu hören, die Sonne schien, die Vögel sangen unbekümmert und fröhlich. Nichts ließ auf Chaos und Katastrophe schließen. Auch im

Treppenhaus war es noch wie immer: Gutmütig führte es uns in die obere Etage, verlässlich, sicher.

Der Flur wirkte ruhig und gelassen.

Als wir in die Buchhaltung kamen, saß ein am Boden zerstörtes nervliches Wrack vor einem Rechner, ein Haufen elendige Hoffnungslosigkeit, ein aufgegebener Geist, der einmal unser ITler gewesen war. Daneben ein etwas zerstörter, aber nicht ganz so hoffnungsloser Hauke Brodersen, mein Kollege auf Augenhöhe, der überfordert und hilflos wirkte.

Wir entkorkten erst mal die Flasche Rum, ein Geschenk zu einem besonderen Anlass, exklusiv, edel und hochwertig. Nur das Beste für unsere Nerven. Und wir tranken erst mal ein Glas auf den Schrecken. Und dann noch eins. Schließlich fragten wir: »Was ist passiert?« Tim schenkte noch einen Rum nach.

Er berichtete uns, dass er am Morgen von einem unserer Mitarbeiter angerufen worden war, weil dieser sich nicht auf dem Server anmelden konnte. Als er online von zu Hause auf den Server gucken wollte, schien dieser heruntergefahren – so wie alle anderen Server auch. Da man diese nicht von der Fernwartung starten kann, musste Tim in unsere Firma fahren. Zu der Zeit glaubte er noch an einen Übermittlungsfehler, weil unsere Server Sicherheitsschranken und Warnsysteme haben, die sich vor dem Herunterfahren bei ihm gemeldet hätten. Die Server konnten also gar nicht unbemerkt herunterfahren.

Nach der Ankunft im Autohaus wurde ihm jedoch das

ganze Ausmaß der Bescherung bewusst: Keiner der fünf-undzwanzig Server reagierte, auf dem Bildschirm war eine Textdatei abgelegt, der Rest des gesamten Systems war leer, nicht erreichbar, wurde nicht dargestellt oder es gab ihn einfach nicht mehr. In der Textdatei stand, dass auf uns ein Hackeranschlag verübt wurde. Sie hätten alle Server verschlüsselt, alle Back-ups zerstört, alle NAS gelöscht und wir sollten ins Darknet gehen, eine Homepage öffnen und dort die unten angefügte Servicenummer eingeben. Wir wurden erpresst, und die Erpressersumme sei dort hinter-legt. Das geforderte Geld möchten wir bitte in Bitcoins an die angegebene Adresse überweisen. Falls wir Hilfe beim Kauf der Bitcoins bräuchten, hätten sie einen netten Service, die Mitarbeiter würden uns 24/7 unterstützen und beraten. Dann würden wir einen Code bekommen, der unsere Ver-schlüsselung wieder auflöst.

Black Basta.

Woher wussten wir, wer uns gehackt hatte? Bei allen Dateien, die noch auf den Rechnern waren, waren die En-dungen auf .basta geändert worden. So konnte man nichts mehr öffnen, weil da normalerweise .doc, .exe oder .ppt hinter einer Datei steht.

Auf dem Handy haben wir Google gefragt und erfuhren prompt: Wenn gehackte Dateien eine neue Endung haben, dann hat die Hackergruppe das verändert. Und die Gruppe Black Basta, eine russische Hackergruppe, die Ransom-ware-Angriffe ausführt, ändert auf .basta!

Erpresst – Lösegeldforderung – Erpressung. Ich wurde erpresst – wir wurden erpresst – die gesamte Firma wurde erpresst. Das konnte ich gar nicht fassen. Aus meiner Kindheit kannte ich Erpressungen: Richard Oetker wurde gegen eine Lösegeldsumme von 21 Millionen DM freigelassen, die Schlecker-Kinder Lars und Meike wurden entführt, die 33 Tage lange Suche nach Jan Philipp Reemtsma steckte uns damals in den Knochen, Axel Springer zahlte zur Freilassung seines Sohnes fünfzehn Millionen DM. Das waren Erpressungen – da hatten meine Eltern und wir Kinder mitgefiebert, gehofft, dass man die Entführten schnell fand, unversehrt und lebendig. Der Tod von Schleyer durch die RAF war für uns 1977 der Inbegriff von Erpressung. Aber durch einen Computer – das Gefühl, welches ich bei dem Wort »Erpressung« habe, passte in meinem Kopf gar nicht zu der eher ruhigen und angstlosen Textnachricht auf dem Bildschirm.

Dennoch: Wir wurden erpresst! Aber selbst, als ich mir »Erpressung« einredete, konnte ich kein Opfergefühl bei mir spüren. Ich hatte nicht das Gefühl, erpresst zu werden. Dieses Gefühl kam auch später nie. Ich könnte meine Gefühle eher mit einem riesigen Chaosknäuel unendlich vieler Aufgaben ohne einen roten Faden vergleichen, mit allen anfallenden Arbeiten eines Jahres auf einen Tag geworfen oder mit einer exponentiellen Vergrößerung von Herausforderungen, die immer wieder und ständig durchwühlt und durcheinander gebracht werden. Nie hatte ich das Gefühl, Opfer einer Erpressung geworden zu sein.

BEVOR ALLES ANFING

Ich bin jetzt, da ich diese Zeilen schreibe, 55 Jahre alt und führe unser Familienunternehmen in dritter Generation. Zeitgemäß. Das heißt, in unserem Unternehmen liegt die Führung in Frauenhand.

Mein Mann ist Offizier bei der Marine mit einer Ausbildung zum Wirtschaftsinformatiker, wir haben vier Kinder und einen Enkel.

Die Situation des Anfangs vom Ende der alten Firmen:

Unsere Firma ist ein Autohaus oder besser gesagt: mehrere Autohäuser. Anfang 2022 waren es sieben eigenständige GmbHs, die an fünf Standorten zwölf Marken vertreten haben. Die Firmen waren vor fast hundert Jahren von meinem Opa gegründet worden. Dieser fing in Flensburg mit einem Reifenhandel an. Er war Vulkanisiermeister und gründete die erste Firma im Jahre 1930.

Vierzig Jahre später übernahm mein Vater die Firmen, es waren zu dem Zeitpunkt schon mehrere Standorte und eine Werkstatt für Magirus Deutz, aus der mein Vater ein Autohaus mit fünf Standorten und zwölf Marken aufbaute. Die größten Hersteller, mit denen wir zusammenarbeiten, sind die BMW AG mit den Marken BMW und MINI und die Fiat AG mit Fiat PKW, Fiat Transporter, Jeep, Alfa Romeo und Abarth. Wir verkaufen 2.000 Autos im Jahr und haben einen Jahresumsatz von ca. 85 Mio. Euro. In unserem

Unternehmen arbeiten 200 Mitarbeiter. Seit 2004 leite ich als Geschäftsführerin die Geschicke des Unternehmens. Zuerst mit meinem Vater zusammen, aber mit der Zeit hat dieser sich sukzessiv aus dem operativen Geschäft zurückgezogen und guckt jetzt nur noch sporadisch vorbei.

Die Firmen sind also 92 Jahre lang gewachsen. Und zwar immer hier ein Stück und da ein Stück dazu. So war die Firmenkonstellation sehr verworren. Wir hatten die Firma Albert Bauer GmbH, die in Flensburg an der Schleswiger Straße ansässig war und die Marken BMW und Mini sowie Fiat Transporter vertrat. Auf der anderen Straßenseite hatten wir die Firma Bauer Automobile GmbH, die Fiat PKW und Jeep, Alfa und Abarth vertrat. Das ist alles nie so geplant worden, sondern hat sich in den Jahren ergeben.

Vor 45 Jahren gab es in Schleswig Förderungen bei Firmengründungen, wenn sie ausschließlich Fahrzeugbau betrieben. Daher hatten wir dort eine Vertriebsgesellschaft für die PKWs und den Reifendienst gegründet sowie eine Firma für Fahrzeugbau, die große LKWs umbaut und eine Lackiererei mit ihr Eigen nennt. So sind auch zwei unterschiedliche Firmen in der Stadt Schleswig entstanden. Als dann noch eine Firma wegen Aufgabe eines Standortes umgesiedelt wurde, hatten wir dort zeitweise drei Firmen in einem Gebäude, die Mitarbeiter auf die verschiedenen GmbHs aufgeteilt, aber alle gingen an eine Telefonzentrale, tranken in einer Küche Kaffee, hatten einen Betriebsleiter und hatten auch das Gefühl, in einem Unternehmen zu arbeiten. So kam es, dass wir sieben rechtlich getrennte GmbHs hatten, die von ihrer Markenpolitik von außen wie gewürfelt wirkten. Neue Mitarbeiter haben es entweder nie verstanden oder nur mit einem Spickzettel, da die Firmen auch alle fast gleich hießen:

Albert Bauer GmbH,

Albert Bauer Schleswig GmbH,

Albert Bauer Husum GmbH, jetzt kommt das Schlimmste:

Autohaus Bauer GmbH,

Autohaus A. Bauer GmbH, dann noch

Fahrzeugbau Schleswig,

Fahrzeugdienst Dithmarschen GmbH und

Bauer Automobile GmbH. Und für uns nur AB oder BA oder AHAB oder AHB ... abgekürzt wurden.

Für einige, die lange dabei waren, klang das logisch, aber sinnvoll war das nie. Vor allem, weil man auch für jede einzelne GmbH eine Bilanz aufstellen musste und eine eigene IT mit Systemen und Lizenzsystem, Schnittstellen usw. brauchte. Da es immer so war, haben wir uns eigentlich nie

Gedanken darüber gemacht, ob das nun gut oder schlecht war – es war einfach so.

DIE ERPRESSUNG UND DIE ENTSCHEIDUNG

Manchmal passieren viele Dinge in kürzester Zeit, manchmal kommt einem eine kurze Zeitspanne unendlich lang vor, und die Minuten wollen nicht vergehen.

Und am 11. Juni 2022 passierte wahnsinnig viel in kürzester Zeit.

Die Server waren alle verschlüsselt, die gesamte IT-Struktur nicht mehr da, uns blieb nur eine Textnachricht der Gruppe »Black Basta« auf einem Server: Geht ins Darknet, öffnet unsere Homepage und loggt euch mit dieser Servicenummer ein, dann bekommt ihr die Lösegeldforderung und weitere Anweisungen.

Zeitgleich geisterten unzählige Fragen in meinem Gehirn herum:

Was passiert, wenn wir mit den Erpressern Kontakt aufnehmen?

Was passiert, wenn wir keinen Kontakt aufnehmen?

Was machen wir, wenn die Lösegeldforderung hoch ist? Hunderttausend Euro? Eine Million Euro? Zehn Millionen Euro?

Was machen wir, wenn die Forderung niedrig ist?

Was passiert, wenn wir gezahlt haben?

Und was passiert, wenn wir nicht zahlen?

Was passiert, wenn wir uns die Lösegeldsumme angucken und uns dann nicht mehr melden?

Was wird mit unserer Firma, wenn wir nicht zahlen?

Und wenn wir zahlen, bekommen wir die IT wieder?

Ist zu viel zerstört?

Können wir mit dem Rest noch arbeiten?

Kann ich noch ruhig schlafen, weil immer die Angst mitschläft, dass die Erpresser sich eine Hintertür einprogrammiert haben? Wenn wir uns die Lösegeldforderung nicht angucken, werden wir uns dann immer fragen, ob sie gering war, und wir alles, was danach kommt, für ein paar tausend Euro auf uns genommen haben? Will man ein Erpressungsopfer sein?

All diese Fragen gingen in zwei Atemzügen durch meinen Kopf. Ich habe mich zu meinem Mann umgedreht – wahrscheinlich gingen ihm fast die gleichen Fragen durch den Kopf, wir haben uns kurz angeschaut und beschlossen: Wir lassen uns nicht erpressen, wir gehen nicht auf die Homepage, uns ist völlig egal, was die Erpresser fordern, und wenn es nur fünfzig Euro sind – wir wollen uns nicht erpresst fühlen, wir wollen nicht in die Opferrolle schlüpfen, wir werden uns diesem Diktat nicht beugen. Egal, was danach alles kommt: Diese Entscheidung wurde von uns in wenigen Atemzügen getroffen – wie in einem Traum wurden Tausende von Fragen und Konsequenzen dieser Entscheidung auf ganz vielen Ebenen mit endlosen Szenarien durchdacht – aber in realer Zeit waren es nur Sekunden. Wir hatten auch keinen Zweifel an der Entscheidung: Wir lassen uns nicht erpressen. Mit diesem Statement hatten wir auch die Sicherheit: Wir werden nicht zum Opfer! Egal, was kommt, wir haben das entschieden, wir haben die Zügel unseres Handelns in der Hand. Wir lassen uns nicht von russischen Hackern bestimmen. Egal, was kommt – wir geben unser Geld für neue Server und Programme und Schnittstellen aus, die wir uns kaufen – und unser Geld geht nicht in die Hand einer Bande russischer Krimineller.

Wir gehen sogar das Risiko ein, alles zu verlieren, alle Arbeitsplätze zu riskieren – unser Haus, unseren Wohlstand vielleicht mit dieser Entscheidung aufzugeben –, aber die Alternative, sich in die Abhängigkeit von Kriminellen zu begeben, von denen wirtschaftlich geschlagen zu werden, diese Unsicherheit, ob man dann Daten zurückbekommt, dieses aus der Hand geben, vom Feind abhängig sein – all das haben wir kurz durchdacht und eine Entscheidung gefällt, die bis heute niemals in Frage gestellt wurde.

Alles andere wäre für uns die schlechtere Wahl gewesen.

Nun muss man sagen, dass ich sowieso immer alles alleine machen will. Mein erstes Wort war nicht Mama oder Papa, sondern »leine« – meine damals als Kleinkind gebräuchliche Abkürzung von alleine. Ich wollte schon als Kind alles alleine hinbekommen. Das Gefühl, von jemandem abhängig zu sein, finde ich ganz schlimm. Wenn ich schon nicht von mir wohlgesonnenen Menschen abhängig sein möchte, dann erst recht nicht von Erpressern.

Zurück zum 11. Juni, inzwischen gegen zehn Uhr:

Wir vier, Tim Krämer, Hauke Brodersen, mein Mann Michael und ich, fingen einfach an, wir telefonierten, googelten nach Fachleuten, suchten in unseren Kontakten nach Menschen, die uns eventuell helfen konnten, versuchten jeden zu erreichen, der mit uns über den Rechner verbunden war. Wir hatten am Anfang gar keinen Startpunkt oder kein richtiges Ziel, weil niemand von uns schon richtig wusste, was passiert war, was das für die Firma bedeutet, wie der Weg ist, damit umzugehen.

Wir machten einfach erst mal, taten etwas. Wir wussten zu dem Zeitpunkt noch gar nicht, ob wir noch auf ein Backup zurückgreifen konnten, ob wir eventuell das Passwort entschlüsseln konnten, ob wir auf den Rechnern der Mitarbeiter noch verwendbare Daten vorfanden.

Wir hatten nur die »toten« Server und das Erpresserschreiben.

Tim und Michael kümmerten sich um die IT und drangen immer tiefer in das Schlamassel ein, bis ihnen irgendwann das ganze Ausmaß bewusst wurde. Die Hacker hatten sich einige Monate zuvor Zugang zu unserem System verschafft und uns mindestens fünf Monate ausspioniert – jede Eingabe in die Tastatur eines jeden Computers haben sie abgefangen und ausgewertet. So bekamen sie Wissen über alle Benutzer, Zugänge, Passwörter, Backups, externe Speicher. Mit diesem Wissen über unsere gesamte IT konnten sie sich gut vorbereiten, sodass ihr Angriff nur 1 h 37 Minuten gedauert hatte. In dieser kurzen Zeit haben sie alle Rechner infiziert, haben alle Backups zerstört und die Server verschlüsselt. Der Angriff war perfekt vorbereitet und so gut ausgeführt, dass wir wirklich auf keinen einzigen Rechner oder Server mehr Zugriff hatten oder Daten wiederherstellen konnten.

Während die beiden IT-Profis sich im System umsahen, sind Hauke Brodersen und ich die kaufmännischen Dinge angegangen. Wir haben zuerst versucht, unsere Konten zu sperren. Dabei scheiterten wir an der Möglichkeit, am Wochenende jemanden bei unserer Sparkasse zu erreichen. Es gibt zwar die Möglichkeit, eine geklaute Scheckkarte voll digital zu sperren, aber dem Computer unser etwas größeres Problem mit den ganzen Bankkonten aller Firmen zu vermitteln, war aussichtslos. Also suchten wir in unseren Telefonkontakten, bis wir eine Nummer eines Sparkassenmitarbeiters gefunden hatten. Dieser saß gerade am Frühstückstisch, reagierte sofort, ließ Kaffee und Brötchen liegen, schnappte sich seinen Rechner und sperrte erst mal alle Konten, deren Nummern wir ihm zuwarfen. Und völlig unbürokratisch – wir haben in der Buchhaltung Kontoauszüge, Rechnungen, Überweisungen rausgesucht, um alle

Kontonummern zusammenzusuchen. Im Computerzeit-alter macht man sich gar keine Gedanken mehr, dass man keine Ahnung hat, wo seine Kontonummern sind, wenn der Computer auf einmal nicht mehr läuft. Eigentlich sind alle Kontoverbindungen in dem Programm S-Firm vereint – aber das war ja auch weg.

Unbürokratisch war es, weil ich auch einfach Konten von meinem Vater sperren ließ, obwohl ich keine Vollmacht für die Konten hatte. Hier war eigentlich der erstaunliche Start, der sich durch die ganze Rettungsaktion gezogen hat und welchen ich nie erwartet hätte: dass es ganz viele Men-schen, Behörden, Ämter gab, die völlig unbürokratisch mit normalem Menschenverstand und wirtschaftlich orientiert gehandelt haben. Und mit der Sperrung der Konten fing das an. Es wurde einfach das Sinnvollste und Beste ge-macht – nicht das, was der Prozess vorschreibt. Es stand ja auch außer Frage, dass mein Vater mir seine Vollmacht für die Sperrung erteilt hätte, da dieser gerade im Ausland zum Segeln unterwegs war.

Als die Konten gesperrt waren, versuchten wir die Tele-fonnummer der Kripo, Abteilung Cyber-Kriminalität, auf den Handys zu googeln, wir fanden zwar viele Telefon-nummern, aber keine führte zum Erfolg, sodass wir am Ende dann doch die 110 anriefen. Eine sehr nette Polizistin nahm unser Gespräch entgegen, war sehr betroffen und schrieb unsere Handynummer auf. Sie wolle ihren Kollegen von der Cyber-Abteilung anrufen, der würde sich bei uns melden.

Und wenig später rief dieser dann zurück, um uns mitzuteilen, dass er eigentlich auf dem Weg zur Nordsee mit seiner Familie sei, aber inzwischen umgekehrt ist, seine Frau und Kinder nach Hause bringt, seinen Kollegen abholt und in ca. zwei Stunden bei uns aufschlagen wird.

Zwei Stunden später war die Flasche Rum leer – aber ich glaube, wir wirkten alle nüchtern, weil die Aufregung und das Adrenalin den Alkohol aufgezehrt hatten. Der Umgang der Kripo mit uns war ganz anders als erwartet. Ich dachte, die kommen, sperren alles mit rot-weißem Flatterband ab und nehmen Server und Rechner mit. Aber nein – sie hörten sich erst alles an, nahmen die Anzeige auf und berichteten von ihren Erfahrungen, wie professionell die Hacker wären, dass wir uns keine Vorwürfe machen müssten, weil die nur die besten der besten Programmierer bei den Black Basta hätten und wir gegen so eine geballte Programmier-Intelligenz keine Chance hätten. So ein Hacker in Russland, der auf so einem hohen Niveau arbeitet, verdient im Monat mehr als ein Kripobeamter im Jahr. Daher sitzt das ganze Können, die ganzen schlauen Köpfe eher auf der Seite der Bösen als bei den Verfolgern. Die Chancen der Kripo sind meistens, dass sie die Vorgehensweise der Hackerbanden anhand der schon Gehackten analysieren und denen so dann auf die Schliche kommen, indem sie ihre Handlungsweisen irgendwann vorhersagen können. Dazu müssen sie aber erst viele Informationen zusammensammeln – und so ein Informationsgeber waren wir jetzt auch.

Die Kripo hat von uns auch Rechner und Server in ihrem Labor untersucht – aber es wurde immer mit uns abgesprochen, welche Hardware sinnvoll und zielführend ist und unseren Ablauf nicht stört, da für uns ja der Wiederaufbau wichtig war. Die Kripo hat uns nie im Weg gestanden, uns immer unterstützt und uns geholfen, sowohl mit ihrem Wissen als auch mit Erfahrungen und Informationen. Es gibt viele Gehackte, die die Polizei gar nicht einschalten. Ein bisschen habe ich am Anfang auch gedacht: Nicht, dass die uns jetzt zeigen, wo wir überall etwas anders hätten machen können, wo wir Lücken gehabt hätten, wo wir hätten besser aufpassen müssen. Aber das kam gar nicht. Von der Stimmung war das eher so, dass die Beamten es mutig fanden, dass wir mit unserer Weigerung, auf die Erpresser einzugehen, der Bande die Stirn boten. Die gesamte Zusammenarbeit kann man wirklich als »Die Polizei, dein Freund und Helfer« beschreiben.

Die Kripo konnte uns berichten, dass solche Hackergruppen sehr professionelle Callcenter haben. Wenn man sich mit denen in Verbindung setzen würde, dann wären da mehrsprachige nette Kollegen, die den Servicegedanken eines Premium-Callcenters tragen. Wörtlich sagte er: »Man wird dort netter und professioneller ›bedient‹, als wenn man zu Ihnen ins Autohaus geht.« Und die helfen einem auch, wenn man nicht weiß, wie man das Lösegeld bezahlen kann – die haben ja alle Informationen und kennen alle Werte, Grundstücke, Kontenguthaben, Forderungen usw.

Die wissen manchmal besser Bescheid als der eigene Steuerberater. Wir waren also von hilfsbereiten Profi-Premium-Hackern mit sehr netter Ansprache angegriffen worden, die angeblich noch freundlicher als meine eigenen Mitarbeiter sein sollen – der Gedanke daran ist schon crazy.

Als nächste wichtige Aufgabe haben wir versucht, die Hersteller wie die BMW AG und die Fiat AG zu erreichen. Ich schätze mal, dass man einen kleinen Handwerksbetrieb am Wochenende immer erreichen kann, ein mittelständisches Familienunternehmen auch noch, aber je größer die Firma wird, desto schwerer ist es, jemanden zu erreichen. Die Zentrale war gar nicht zu erreichen, die Festnetznummern liefen alle ins Leere, die Handys der meisten Mitarbeiter waren aus, ich erreichte irgendwann einen ehemaligen Gebietsleiter, der auf dem Campingplatz bei Brüssel im Urlaub in der Sonne saß. Dieser gab dann die Informationen an die IT bei der BMW AG weiter. Bei Fiat erreichten wir gleich unseren Aftersales-Gebietsleiter, der dann bei der Fiat alle Hebel in Bewegung setzte.

Danach haben wir vier uns zusammengesetzt und die Ergebnisse zusammengetragen, haben uns überlegt, was wir jetzt als Nächstes machen müssen. Jeder hatte viele Ideen, die wir dann als Aufgaben verteilt haben, aber einen strukturierten Plan hatten wir nicht, noch war es ein Suchen nach dem richtigen Weg.

Wir telefonierten alle Kontakte aus unseren Handys

durch, die uns nur annähernd sagen konnten, was man weiterhin machen könnte. Wir riefen Anwälte, Steuerberater, Mitarbeiter unserer Hersteller, Versicherungsvertreter, IHK-Kollegen, IT-affine Freunde, unsere Familie und auch mal private Freunde zur moralischen Unterstützung an, alle, die wir am Samstag erreichen konnten. Rückblickend kann man festhalten: Es waren viele Tipps dabei, viele knüpften Kontakte zu anderen Leuten, oft hatten wir das Gefühl, auf einer heißen Spur zu sein und voranzukommen – aber im Endeffekt konnte uns keiner von ihnen helfen. Wir wussten die ganze Zeit: Wenn, dann konnten nur wir vier das hier hinbekommen. Im Unterbewusstsein wusste jeder von uns: Das wird ein riesiger Brocken harte Arbeit, wahrscheinlich wird das am Anfang wie bei Sisyphos sein, der Brocken Arbeit wird immer größer und immer schwerer, aber wir würden uns nicht überrollen lassen, wir würden nicht aufgeben, wir würden den Kampf aufnehmen und es schaffen, die Herausforderung anzunehmen.

Dass es deutlich länger als ein Jahr dauern würde, um den größten Teil wiederherzustellen, war uns in dem Moment nicht klar.

Nach vier Stunden hatten wir das erste Mal das Gefühl, dass es in Richtung Wiederaufbau geht. Man könnte unsere Bemühungen als Richtung bezeichnen, das wirre Stochern war beendet, wir hatten ein Ziel und damit fing ein Fahrplan Richtung Zukunft an.

Tim war der Erste, der an den Start nach dem

Hackerangriff dachte. Er tippte plötzlich fleißig auf der Tastatur herum. Schnell und unauffällig hatte er nebenbei einen völlig neuen Firmenaccount bei Outlook 365 angelegt und dann eine Mailadresse nach der anderen von allen 250 Clients auf diesen Account portiert. Wir kamen zwar nicht mehr an die alten Mails heran, aber alle Mails, die ab jetzt an unsere bisherige Adresse gingen, hatte Tim schon mal aufgefangen und »gerettet«. Dann hat er bei unseren Handys Outlook 365 eingerichtet und wir konnten – nur vier Stunden nach Stunde null – wieder Mails empfangen und senden. Das war megaschlau und megaschnell. Zwischenzeitlich hatte er immer wieder in den Restfragmenten unserer Server nachgesehen, ob er noch etwas erreichen konnte, ob noch ein letzter Schimmer Hoffnung bestand.

Der erste Schritt nach vorn war getan: Wir konnten wieder unsere Mailadresse benutzen. Nun wurden wir etwas zuversichtlicher und machten uns daran, einen guten Plan zu schmieden.

Und der Plan hieß: erst mal einen Zeitplan erstellen. Was haben wir? Was können wir? Was wollen wir? Wie und wann machen wir was?

Zuerst waren unsere Mitarbeiter wichtig: Wann sagen wir es ihnen? Auf welchem Weg wir sie informieren, war nicht die Frage, weil wir in der Corona-Zeit für jede Firma eine WhatsApp-Gruppe angelegt hatten, da damals die Corona-Vorschriften, die für unseren Alltag mit Kundenkontakten relevant waren, schnell und unbürokratisch verbreitet werden mussten. Diese Gruppen existierten immer noch. So war also der Kommunikationsweg schon geklärt. Die Frage war nur: Wann informiere ich? Die Frage ist berechtigt, da bei 200 Mitarbeitern durchaus mal jemand auf die Idee kommen könnte: »Tja, wenn es keine IT mehr gibt, dann weiß auch keiner mehr, wie hoch die Kassenbestände sind. Und wenn die Kassenbestände nicht bekannt sind, dann fällt niemandem auf, wenn Geld fehlt. Oder ob ein Auto noch da ist, ein Reifensatz mehr oder weniger oder ein paar schicke Felgen – es gibt ja keine Bestandslisten mehr.« Ich verdächtige niemanden, so etwas zu tun, aber ich wollte die Information auch nicht so früh schicken, damit niemand auf die Idee kommen könnte, die Situation auszunutzen. Daher kommunizierten wir am Samstag nur, dass wir ein massives Serverproblem hatten und die Systeme zurzeit nicht richtig liefen, dass wir aber dran waren. Dann wussten schon mal alle: Irgendwas stimmt nicht.

Damit alle Mitarbeiter am Montag zu Dienstbeginn genaustens informiert waren, was wirklich passiert ist, schrieb ich am Sonntagabend folgende WhatsApp:

Liebe Mitarbeiter,
wir sind von der Gruppe Black Basta gehackt worden. Unsere gesamte IT, alle Server, Rechner, Backups sind verschlüsselt oder zerstört worden.

Ich setze in dieser besonderen Situation auf Ihre Loyalität. Ich möchte gern jeden Einzelnen von Ihnen auf dem aktuellen Stand halten, dafür brauche ich aber Ihr Vertrauen, dass diese Interna nicht nach außen getragen werden. Sollte jemand dabei sein, der von sich selbst sagt: O nein, ich bin doch so ein kleines Plappermäulchen – dann sagen Sie mir das bitte, dann gebe ich Ihnen nur Infos, die auch nach außen getragen werden dürfen.

Wichtigste Info an alle: Keiner macht morgen früh seinen Rechner an, für die Rechner, die an sind: nicht anfassen. Sollten Sie Kollegen haben, die diese WhatsApp nicht lesen, dann rufen Sie sie an oder fahren vorbei und sagen ihnen das. Erst, wenn wir sicher sind, dass jeder Rechner safe ist, können wir unsere Rechner wieder aktivieren. Wahrscheinlich werden wir Daten von jedem Rechner sichern, aber dafür brauchen wir Montagmorgen erst mal Infos von der Cardis und von Freicon, die konnten wir bis jetzt noch nicht erreichen.

Also: Alle Rechner bleiben aus!

Wir arbeiten erst mal analog – mit Papier und Bleistift. Ab morgen können Sie kreative Ideen und unkonventionelle Lösungsansätze vorschlagen, da wir Wege einschlagen müssen, die noch nicht vorgedacht sind. Setzen Sie sich bitte zusammen und überlegen, wie wir was machen können, und sprechen dann Ihre Vorgehensweisen mit uns ab. Die Buchhaltung wird z. B. Nummernkreise für manuelle Rechnungen vergeben, die Sie erst mal benutzen können. Jetzt können vielleicht die alten Mitarbeiter den jungen digitalen Kollegen mal zeigen, wie man auf einem Bierdeckel Geschäfte abwickelt :-)

Da ganz viele von Ihnen viele Fragen haben werden: Bitte schicken Sie mir eine Mail oder WhatsApp, aber rufen Sie nicht Herrn Krämer, Herrn Brodersen oder mich an, sonst kommen wir nicht weiter.

Zur Kommunikation gegenüber Kunden sagen Sie bitte, dass wir ein Serverproblem haben. Wir haben ja auch »nur« ein Serverproblem. Mehr wird nicht kommuniziert.

Und: Seien Sie bitte souverän, gehen Sie mit der Situation gelassen und positiv um. Verbreiten Sie untereinander gute Ideen. Wir haben zwar eine doofe Situation, aber es laufen nur die Server nicht, es ist niemand krank, es ist kein Geld oder Auto geklaut, wir brauchen etwas Zeit, um alles wiederherzustellen, aber es ist kein Beinbruch und kein Hexenwerk. Lächeln Sie und seien Sie besonders nett zu Kollegen und Kunden, weil sich Probleme in einer positiven Gesamtstimmung leichter lösen lassen. Und mit einem Lächeln sieht das Leben gleich viel besser aus.

Da wir einige Sachen dabei gleich besser machen wollen, müssen wir ein paar Gespräche und Verhandlungen führen, damit wir am Ende sagen können: Super! Der blöde Cyber-Angriff hat doch was Positives, wir haben das System jetzt grundlegend verbessert. Dafür gehen wir aber den Weg, dass wir etwas Zeit brauchen, um alles gut zu durchdenken. Und in der Zeit müssen alle improvisieren.

Es sind keine Daten weg, es wurde nichts geklaut, wir kommen nur nicht mehr dran – aber wir wollen uns gut absichern, damit wir diese diesmal auch behalten.

Wir erwarten von Ihnen, genau wie wir es auch tun, einen professionellen Umgang mit der Situation. Wir haben mit Herrn Krämer seit gestern wieder alles im Griff, verteilen die Aufgaben morgen und legen los. Gehen auch Sie professionell und souverän mit der Situation um, handeln Sie besonnen und überlegt, da wir heute noch nicht sagen können, wann welcher Rechner oder welches System wieder ans Netz geht.

Und sollten Sie nichts zu tun haben, weil der Rechner Ihre Arbeit bestimmt: Arbeiten Sie analog, räumen Sie auf, erledigen Sie die Ablage und das, was immer liegen geblieben ist.

Schönen Sonntag allen und bis morgen!
Lieber Gruß
Anja Bauer

So waren die Mitarbeiter informiert. Die ersten Tage wurde erst mal überall und mit allem Inventur gemacht, alle zählten, was nach Wert aussah, seien es Kassenbestände, Fahrzeuge, Werkzeuge, Reifen und Felgen oder KFZ-Teile, Schmierstoffe oder Diesel: Alles, was uns geblieben war, wurde aufgenommen. Für die Kundenkommunikation haben wir ein Schreiben aufgesetzt, in dem der Hacker-angriff und seine Folgen beschrieben waren und wir uns für die Umstände, eventuelle Wartezeiten, nicht formschöne Rechnungen und Fehler entschuldigten.

Parallel dazu hatten wir LTE-Router im Media-Markt gekauft, wir hatten unsere Telekom-Betreuerin gebeten, uns Daten-karten vorzubereiten, und einen Azubi nach Kiel geschickt, um diese abzuholen. Am Montag um kurz nach elf Uhr war in jedem Betrieb ein WLAN-Netz über das Mobilfunk-netz aufgebaut. Dieses war wichtig, weil die Tester in den Werkstätten ein Netz brauchen, damit Fahrzeuge weiter repariert und programmiert werden konnten. Wir selbst und auch die Mitarbeiter hatten keine Rechner, Laptops oder Tablets, die noch funktionierten. Viele haben sich aber von zu Hause Laptops oder Tablets geholt und sie in unserem provisorischen WLAN betrieben. Entweder nutzten sie On-line-Programme oder schrieben Rechnungen, Aufträge oder Anschreiben auf Word oder Excel, legten Telefonlisten an und nahmen Kundendaten auf.

Über einen IT-Unternehmer aus dem Bekanntenkreis haben wir ausrangierte Server ausleihen können, um ein provisorisches Netzwerk aufzubauen. Dann haben wir am Montagmorgen eine Handvoll unserer fähigsten Mitarbeiter mit Zusatzfunktion Privater-IT-Profi genommen, und mit den Leuten von Tim Krämer plus noch zwei »zugekauften« IT-Mitarbeitern gingen wir durch alle sieben Firmen von Computer zu Computer, zogen die »verseuchten«, aber noch vorhandenen Daten auf externe Festplatten, machten die Rechner »platt« und richteten sie neu ein. Andere gingen durch den Betrieb und spürten Geräte auf, die möglicherweise von den Hackern in Mitleidenschaft gezogen worden waren, aber bisher übersehen wurden. Sie zogen jeden Schrank, jede Schublade auf, rückten Regale von den Wänden, überall wurde gesucht und alle Geräte, die einen Stecker hatten und eine potenzielle Speichermöglichkeit boten, wurden an Tim Krämer gemeldet, damit er entscheiden konnte: Machen wir platt – oder darf weiter an der Steckdose bleiben. Jeder Drucker, jeder VPP, alles musste formatiert werden. Und dann wurde auch gleich ein neues Betriebssystem installiert, sowohl Outlook als auch Office. Natürlich mussten wir die Lizenzen neu kaufen, obwohl wir die Lizenzen der alten »eigentlich« noch hatten – aber »eigentlich« gab es da nicht.

Das Team, unsere Task-Force, machte das so mega gut, dass wir am Ende der Woche alle wieder unsere Rechner ordentlich und sauber, ohne Altlasten und mit frischen

Systemen nutzen konnten- allerdings ohne ein einziges Programm, welches wir für unsere Arbeit bräuchten.

Die anderen Mitarbeiter hatten sich indes einen Plan gemacht, wie sie ohne die Systeme, mit denen wir sonst arbeiteten, nun weitermachen wollten. Es gab viele verschiedene Ideen, aber ganz groß raus kamen die unten im Keller fast vergessenen Papp-Arbeitskarten von 1970, die auf einmal der Renner waren. Einige haben sich auf großen Papierbögen einen Zeitplan für die Werkstatt gebastelt, andere haben Karteikarten geholt, wieder andere haben auf Excel versucht, etwas nachzubauen. Es gab kein Richtig und Falsch, es wurden Ideen ausgetauscht, Dinge versucht und für gut befunden oder wieder verworfen. Wir hatten den Anspruch, dass der Kunde das Desaster ruhig erfahren durfte, aber er sollte den gleichen Service – nur analog – bekommen, wie er es von uns gewohnt war.

Michael, Hauke und ich waren in der ersten Woche überall. Mit dem Kopf, mit dem Körper, wir arbeiteten Tag und Nacht durch, hatten immer überall etwas zu regeln.

Es gab neben der wichtigen Entscheidung »Wir lassen uns nicht erpressen« noch eine viel wichtigere Entscheidung: Wir haben nach neun Tagen entschieden, dass wir alles hinter uns lassen werden, die alten Firmen einfach aufgeben, liquidieren und neu anfangen. Wir gründen zwei neue Firmen, übernehmen alle Mitarbeiter, kaufen alle Autos, Hebebühnen, Werkzeuge und Schreibtische aus den sieben alten Firmen raus. Wir gründen zwei Start-ups und machen mit uns selbst einen Asset Deal. Und für diese neuen Firmen kaufen wir neue Programme, Systeme und Computer. Einfach ein harter Cut – im laufenden Betrieb mit geöffneten Autohäusern. Aber von dem Plan der Liquidierung der sieben Firmen und der Neugründung berichte ich später. Aber diese beiden Entscheidungen waren die »Big Points« unter tausenden von Entscheidungen, die wir gefühlt in Überschallgeschwindigkeit getroffen haben.

RETTUNGSVERSUCHE

Zuerst waren wir noch etwas optimistisch, ob es nicht doch irgendeine »Rettung« für unsere Daten geben könnte. Wir haben erst all unsere Möglichkeiten ausgeschöpft. Mit »wir« meine ich speziell meinen Mann, Tim Krämer, vielleicht ein bisschen Hauke Brodersen mit unserem »Task-Force-Team«, aber nicht mich. Ich habe kein gutes Verhältnis zu Rechnern – ich habe auch keine Lust, mich mit ihnen zu beschäftigen. Wenn es nach mir geht, sollen sie einfach das tun, was ich gerne von ihnen möchte. Oft habe ich aber die Situation, dass ich finde, der Rechner ärgert mich absichtlich, mein Sohn sagt aber: Fehler 50! Das Problem sitzt 50 cm vor dem Bildschirm. Daher war ich in die ganzen Server- und Backup-Versuche, die Inhalte zurückzuholen, gar nicht involviert.

Als wir mit unserem Wissen nichts ausrichten konnten, haben wir nach Fachleuten gesucht. Dafür wurden viele Firmen angeschrieben, die sich auf die Rückholung von Daten und das Entschlüsseln von Servern verstehen. Aber uns machte niemand Hoffnung, da bei uns Profis am Werk waren. Alle seriösen Firmen haben uns nach Sichtung der Situation gleich alle Hoffnung genommen und den Auftrag gar nicht angenommen, niemand hat einen Versuch gestartet, weil alle der gleichen Meinung waren: Es gibt keine Rettung für unsere Daten – der Versuch ist hoffnungslos!

Eine Gruppe von IT-Nerds aus Süddeutschland wurde uns empfohlen. Sie sollten unkonventionell Dinge mit Platten machen, wovon andere nur träumen. Also haben wir sofort eine Platte genommen, in ein Auto geschmissen und einen Fahrer damit quer durch die Republik gejagt. Da wir in Flensburg wohnen, ist eigentlich alles weit weg. Wir Nordlichter sagen ja immer, Süddeutschland fängt nach der Elbe an, so wie alle anderen über uns Norddeutschen sagen, bei uns kann man schon mittags sehen, wer abends zu Besuch kommt – was ja genauso wenig stimmt. Bei uns ist das gar nicht so flach. Aber hier ist das echte Süddeutschland gemeint, genauer gesagt Bayern.

Lustigerweise wurde am Zielort jedes Klischee erfüllt. Ein ganz unscheinbares Haus, kein Name an der Tür, neben der Tür leere Colaflaschen und schief aufgestapelte Pizzakartons, die Typen sahen nicht nur wie ihre eigene Karikatur aus – sie wohnten und arbeiteten auch im Keller. Mein Mitarbeiter hat versucht, heimlich ein Bild mit seinem Handy von der ganzen Szene zu schießen, da man für einen eventuellen Film mit IT-Nerds genau diese Situation eins zu eins nehmen könnte.

Eigentlich wollten sie die Platte mit selbst dazulernenden und sich ständig neu annähernden Algorithmen, etwas Glück und dem Zufall entschlüsseln, aber nach drei Monaten hat selbst diese Gruppe aufgegeben. Chancenlos. Die Kripo meinte, wenn die Jungs das nicht schaffen, dann schafft das gar keiner. Der Kontakt kam auch von der Polizei, die schon gute Erfahrungen mit dem Trupp gemacht hat. Ihr Misserfolg hat sie so in ihrer Ehre gekränkt, dass sie nicht mal Geld von uns für ihre Bemühungen haben wollten.

MEINE HAUPTAUFGABE

Meine Hauptaufgabe war, allen Mitarbeitern immer das Gefühl zu geben: Wenn das hier irgendjemand schafft, dann wir, weil wir das tollste Team der Welt sind. Die Firma ist stabil aufgestellt und steht finanziell auf soliden Beinen. Meine Bitte und auch meine Vorbildfunktion definierten sich in dem Statement:

Bleibt alle ruhig, souverän und löst die Probleme mit Leichtigkeit. Lächelt und findet kreativ für jede Situation die passende Lösung, weil der Kunde weiterhin unseren Premium-Service verdient. Zusammen schaffen wir das.

Ob wir das tatsächlich schaffen werden, dazu hatten wir gar keine Zeit drüber nachzudenken, weil wir die ganze Zeit damit beschäftigt waren, es zu schaffen.

Wir haben auch viele Dinge verworfen, etwa Kontoauszüge in Excel-Listen zu übertragen, um daraus die Buchhaltung zu rekonstruieren. Tagelang haben wir uns damit aufgehalten, konnten aber die einzelnen Posten nur selten zuordnen. Es gab zwar Zahlungseingänge, aber es war fast nie ersichtlich, wofür die Zahlung genau war. So ging das nicht. Aber solche Versuche, Gedanken, Lösungsansätze haben wir oft verfolgt, bewertet und später verworfen, weil diese uns nicht ans Ziel gebracht hätten.

Neben guter Stimmung verbreiten und Optimismus verteilen war schnelles Entscheiden von mir gefordert.

Rückblickend frage ich mich, warum man manchmal so lange über »die richtige Entscheidung« nachdenkt. In der Situation gab es nur Problem und Lösung und nächstes Problem. Es blieb nie Zeit, etwas abzuwägen oder nochmal drüber nachzudenken, weil die nächsten Entscheidungen auch gefällt werden wollten. Und ich bereue keine dieser Blitzentscheidungen, vielleicht sollte man viel öfters schnell aus dem Bauch heraus Dinge regeln.

WAS BEDEUTET: KEINE DATEN MEHR?

WARENWIRTSCHAFT UND BUCHHALTUNG

Um sich vorzustellen, wie ein Autohaus ohne Daten, Programme und Systeme funktioniert, gibt es ein gutes Bild.

Ein Dachboden in einem alten Haus. Auf diesem Dachboden steht in der Ecke, etwas verstaubt unter einer Plane, ein alter Kaufmannsladen, den wir hier zur Verdeutlichung der Situation mal vom Boden holen, um ihn im Wohnzimmer aufzubauen. Die Pappschachteln sind schon längst von der Feuchtigkeit und dem Schimmel nicht mehr für Süßigkeiten zu gebrauchen, daher werden wir diese durch Streichholzschachteln und kleine Kartons ersetzen und mit Smarties, Gummibärchen, Schokolade, Lollis und Marshmallows füllen, damit unser Kaufmannsladen auch etwas verkaufen kann. Allerdings sehen die Kartons alle gleich aus, sodass wir jedes Mal alle Päckchen öffnen müssen, um das Richtige zu finden. Die Möglichkeiten vom Listen anlegen gibt es noch nicht, weil man in dem Alter, in dem man Kaufmannsladen spielt, nicht schreiben oder lesen kann, so können wir uns auch nicht notieren, wie viele Lollis wir eingelagert und wie viele wir schon verkauft haben. Und genau wie dieser Kaufmannsladen war die Lagerwirtschaft aller Teile- und Reifenlager. Niemand wusste, ob wir den Reifen in der gesuchten Größe auf Lager hatten. Nach viel Rumrennen in den Gängen und langer Suche haben wir vielleicht den richtigen Reifen in der richtigen Größe mit der richtigen Traglast gefunden, aber wir wussten immer noch nicht, ob wir noch mehr davon auf Lager hatten, was er wohl kosten würde und wir hatten nicht die Möglichkeit, es irgendwo zu vermerken. Als anständiger Kaufmann kalkulieren wir Einkaufspreise plus Marge und Kosten und errechnen so den Verkaufspreis. Aber bei einem Kaufmannsladen geht das anders. Da kauft Mama die ganzen Süßigkeiten, packt sie heimlich und liebevoll in die kleinen Kartons und freut sich, wenn die Kinder große Augen machen, sobald jemand bei ihnen mit Spielgeld Naschis kauft. Beim Kaufmannsladen-Spiel kümmert sich niemand um Einkaufspreise, die Schachteln und Lollis sind einfach da. So auch in unserem Lager. Es gab keinen Einkaufspreis mehr. Und wie beim Kinderspiel gab es auch keine Vollkostenrechnung. Kein Kind denkt daran, dass die Lampe im Zimmer Strom braucht oder das Aufräumen und Putzen von Mama auf die Spielstunden umgelegt werden müssen. Oder dass die Wohnungsmiete anteilig beim Verkauf der Schokolade eingerechnet werden muss. Auch wir hatten mehrere Monate keine Kosten, keine Preise, keine Bestände. Um uns zu helfen, haben wir zum Festlegen der Verkaufspreise für Teile per Handy im Internet recherchiert, was der Markt für dieses oder jenes aufruft.

Wenn dort Lollis für zehn Cent verkauft wurden, haben wir uns daran gehalten, ohne zu wissen, ob wir damit einen Ertrag oder einen Verlust erwirtschaften würden. Wir haben überwiegend langjährige und bewanderte Mitarbeiter, die in ihrem Job genug Erfahrung gesammelt haben, um Preise realistisch einschätzen zu können, alle sind Profis und verstehen ihr Handwerk, aber bei jedem Werkstatt- oder Reifenkunden fing das Streichholzschachtel-öffne-dich-Spiel wieder an, da sowohl die BMW- als auch die Fiat-Teile alle in gleichfarbigen Kartons geliefert wurden, diese zwar eine lange Nummer auf der Vorderseite aufgedruckt hatten, aber wenn man keinen Computer hat, kann man deren Bedeutung nicht entziffern, als wären es fremde Schriftzeichen. Dreizehnstellige Teilenummern helfen uns dann nicht weiter. Und auch im Reifendienst stellten wir fest: Alle Reifen sind rund und schwarz. Was haben wir da Reifen gesucht – eng an eng in den Regalen, die Laufflächen sagten einem fast gar nichts, Profile waren bei jedem Reifen anders, wirkten aber wir eine Geheimschrift, die wir nicht entziffern konnten.

Daher mussten wir unzählige Reifen aus dem Regal ziehen, auf der Flanke die Bezeichnung suchen, lesen und auswerten. Entweder jubelten wir nun auf, weil es der gesuchte Reifen war, oder wir schoben ihn – wie bei unzähligen Versuchen zuvor – deprimiert ins Regal zurück und suchten weiter. Auch bei Bestellungen von anderen Autohäusern, die bei uns für die Reparatur von BMW und Fiat Teile und Tipps holen, waren wir professionell wie ein

Kaufmannsladen: Klingeling, Klingeling. »Hallo, hier der Autohaus-Kaufmannsladen. Ja … ja … Ach, Sie wollen Teile bei uns kaufen, um einen Motor zusammenzubauen. Leider kennen wir Sie nicht mehr. Wir wissen nicht, wo Sie wohnen, wir wissen nicht, was wir für diesen Motor schon an Teilen an Sie verkauft haben, welche Teile bereits für Sie bestellt sind und hier irgendwo rumliegen, welche Dinge Sie noch brauchen, den Preis wissen wir auch nicht. Aber kommen Sie einfach vorbei, wir bekommen das schon irgendwie hin – oder auch nicht.« Ohne Systeme, die Prozesse unterstützen und Informationen enthalten, muss die Erfahrung groß sein, um das richtige Paket für den Kunden zusammenzustellen. Und immer wieder wurden Sachen im Internet nachgesehen oder bei Kollegen nachgefragt.

Im BWL-Studium hatte ich gelernt: Du bist ein guter Kaufmann, wenn die Differenz zwischen Einkauf und Verkauf dir ein Lächeln ins Gesicht zaubert und auch dein Kunde mit einem Lächeln die Rechnung bezahlt, weil beide denken, ein gutes Geschäft gemacht zu haben. Aber auf einmal wusste ich nicht mehr, ob ich Grund zum Lächeln hatte oder nur zum Heulen.

Waren hundert Euro für dieses oder jenes Teil ein guter Preis oder zu viel oder zu wenig? Wir werden es nie erfahren.

Wochen- und in einigen Abteilungen monatelang wurden immer wieder Streichholzschachteln aufgezogen, um reinzugucken – und wieder nur Smarties, wo wir doch Lollis suchten. Aber wer spielt nicht gerne den ganzen Tag Memory?

WERKSTATTPLANUNG

Die Werkstattplanung war ganz anders. Eigentlich gibt das System vor, wie viel Zeit wir für die Wartung in der Werkstatt einplanen müssen, wenn wir mit dem Kunden einen Termin abmachen. Nun konnten wir nur würfeln, da wir keine Informationen über das Fahrzeug hatten. Musste nur der Ölfilter gewechselt werden? Oder sollten bei dem Aufenthalt auch alle Flüssigkeiten getauscht werden? Gibt es eine Rückrufaktion vom Hersteller, der gleich mit abgearbeitet werden kann? War vielleicht ein vorheriger Auftrag noch nicht abgeschlossen, weil Teile im Rückstand waren?

Die Serviceannahme konnte so gut wie keine Terminplanung vornehmen, sodass uns die Zeiten wie gewürfelt vorkamen. Erst wenn das Auto in der Werkstatt war, wurde der Schleier gelüftet und die tatsächliche Arbeit offenbarte sich uns. Jeden Tag war unser Würfelglück unterschiedlich, mal war viel zu viel Arbeit für die Monteure eingeplant, mal war am Ende noch Arbeitszeit übrig. Aber so ist das, wenn man keine Systeme und Daten hat: Dann wird jede Planung ein Würfelspiel.

BUCHUNGEN OHNE BUCHUNGSSYSTEM

Voller Improvisation war nicht nur der Start im Juli, so ging es monatelang, weil die Programmierer der IT-Firmen, deren Programme wir uns für unsere Anwendungen »maßschneidern« lassen, vorher nicht auf der Couch gelegen haben und auf unseren Auftrag gewartet haben. Als wir dann gefragt haben, ob sie für unsere Firmenstruktur Programme anpassen und Schnittstellen schreiben können, sind sie nicht vom Sofa gehüpft und haben gerufen: »Hurra, wir kommen.« Eher mussten wir betteln, um überhaupt ein Angebot zu erhalten, damit die IT-Firmen dann von ihren Mitarbeitern Stunden freischaufeln konnten, weil sich ein Projekt nach dem Motto »Wir hätten gern ein komplett neues System mit allem Drum und Dran« normalerweise eher über Jahre als über Wochen oder Monate hinzieht. Relativ früh hatten wir die Möglichkeit, mit Rechnungsnummernkreisen auf Word Rechnungen zu schreiben, aber diese Rechnungen liefen in kein System. Es gab diese Rechnungen über fünf Lollis. Punkt. Es gab keine Verbindung zur Buchhaltung, es gab kein Kundenkonto, es gab keinen Einkauf. Wir haben einfach aus den Streichholzschachteln fünf Lollis gesucht, einen Preis festgelegt, dem Kunden verkauft und fünf Euro für fünf Lollis in die Kasse gelegt. Normalerweise wird ein Aufwand gegengebucht. Lolli-Einkauf fünfzig Cent, in der Vollkostenrechnung noch Miete, Strom, Personal je Lolli zwanzig Cent und ein Lächeln auf dem Gesicht, weil wir dreißig Cent pro Lolli

Ertrag erwirtschaftet haben. Steuern bezahlen und immer noch lächeln. Aber jetzt hatten wir fünf Lollis weniger und fünf Euro mehr – das war betriebswirtschaftlich alles. Wir konnten monatelang keine Personalkosten gegen Werkstatteinnahmen buchen oder den Ertrag eines Reifens errechnen, weil wir überhaupt kein System hatten, in das man seinen Ein- oder Verkauf eintragen konnte. Wenn man für den Kunden ein Teil bestellt hatte, dann wusste der Besteller: ein Kilo Schokolade kaufe ich für acht Euro ein und habe sie dem Kunden für zehn Euro verkauft – passt vom Gefühl. Aber wenn wir ein Teil schon hatten oder ein anderer Kollege aus einer anderen Filiale es bestellt hatte, dann konnte man auch hier wieder zu den Würfeln greifen und aus Spaß den Ertrag würfeln, weil schon der erste Schritt, nämlich die Differenz Einkauf zu Verkauf, nicht mehr nachvollziehbar war. Noch mehr Glaskugel war: Verdiente die Werkstatt mit ihren fleißigen Monteuren eigentlich Geld? Das wussten noch nicht mal die Würfel. Eigentlich wird auf jeden Werkstattauftrag an- und abgestempelt, es gibt Vorgaben oder auch Festpreise. So kann man anhand der Stempelzeiten sehen: Das ging gut, die vorgegebenen und an den Kunden berechneten Zeiten passen, der Mitarbeiter hat seinen Lohn auch verdient, die Werkstatt läuft. Ohne einen Rechner im Hintergrund haben alle geschraubt und gefräst und gemacht und getan, aber niemand konnte sagen, ob sich der Betrieb überhaupt lohnte oder umgekehrt gerade Geld verbrannt wurde. Hier haben wir das Controlling mit dem Bauch gemacht: Wenn kein Parkplatz zu kriegen war, der Monteur Schweißperlen auf der Stirn hatte und der Kaffeeautomat ständig nach neuen Bohnen rief, dann sagte unser Bauchgefühl: Die Rechnung geht auf. Konnte man quer parken und standen die Mechaniker zum Schnacken zusammen, war der Kaffeevollautomat kalt, dann sagte das Bauchgefühl: Heute haben wir kein Geld verdient.

Kosten werden normalerweise auf Konten gebucht und dann in der betriebswirtschaftlichen Auswertung als Aufwand gegen den Umsatz gerechnet. Im ersten halben Jahr waren wir dann ganz pragmatisch und haben einfach alle Eingangsrechnungen bezahlt, und dann … nichts. Wir konnten die ganzen Rechnungen über unterschiedlichste Ausgaben von Maschinenteilen bis hin zum Toilettenpapier keiner Kostenstelle zubuchen, weil es nichts gab, wohin wir das hätten buchen können. Listen anlegen, indem jemand die Eingangsrechnungen abtippt, war ebenfalls nicht möglich, denn niemand konnte diesen Mehraufwand leisten. Alle Mitarbeiter hatten ohnehin viel mehr zu tun als je zuvor. Der Teiledienst musste eine Streichholzschachtel nach der anderen auf der Suche nach dem richtigen Teil öffnen, Monteure konnten nicht normal arbeiten, weil ihnen die Vorgaben und Anleitungen fehlten, der Serviceberater hatte keine Daten der Fahrzeuge, keine Ablaufpläne der Reparaturumfänge, die Serviceassistentin musste alle Kunden mit Fahrzeugdaten neu aufnehmen, auf Zettel oder Excel-Listen. All das hat so viel mehr Zeit in Anspruch genommen, jeder hatte fast doppelt so viel Arbeit mit seinen Tätigkeiten, sodass wir keine Zeit für Extra-Arbeiten hatten: Wir haben auf eine provisorische Buchhaltung verzichtet und setzten lieber auf den Start einer Endlösung. Daher lebten, controllten und lenkten wir im Blindflug, bis kurz vor Weihnachten wieder eine neue Buchhaltung installiert wurde. Wir werden nie erfahren, ob wir in dieser Zeit Geld erwirtschaftet oder verloren haben, und haben keine Ahnung, ob sich das Ganze rentierte. Das Unternehmen habe ich aus dem Bauch heraus gelenkt, weil es keine andere Möglichkeit gab. Und da ich durch und durch Optimist bin, hat das, glaube ich, auch auf alle anderen abgefärbt.

Und: Zum ersten Mal haben wir dem Rechner, dem System und dem Computer gedankt, dass er uns doch so viel Arbeit abnahm, das war uns vorher im täglichen Leben mit dem digitalen Partner Computer nicht bewusst.

PERSONALORGANISATION

Auch weg waren alle Mitarbeiter – nicht die Menschen, aber deren Daten. Kontonummern und Gehälter konnte man einfach bei den Mitarbeitern erfragen (»Können Sie mir bitte sagen, wie viel Geld Sie für Ihre Arbeit von mir bekommen und wo ich das hin überweisen soll?«) und im Rechner neu erfassen, aber die ganzen Lehrgänge, Scheine, Meisterbriefe, AU-Erlaubnisse, Schulungszertifikate, Ausbilderscheine etc.

waren verschwunden. Aber wer eine Firma betreibt, braucht etliche von diesen Nachweisen, sonst darf er keine Kennzeichen für Fahrzeuge beantragen, keine Werkstatt eröffnen, keine Menschen ausbilden, keine Abgasuntersuchung abnehmen, nicht mal im Recycling-Kreislauf gewerblich teilnehmen. Wir hatten auch Organigramme und Listen, in denen stand, wer bei der Feuerwehr war, wer Ersthelfer, wer wo als Werkstattmeister, als ausbildender Meister oder als Meister für die AU-Abnahme eingesetzt wurde. Plötzlich hatten wir zwar noch die Menschen, aber keine Ahnung, wer als was gemeldet war. Auch bei den Mitarbeitern zu Hause waren die Unterlagen oft nicht sofort zur Hand, sondern mussten aus Ordnern und Aktenmappen herausgesucht werden. Diese ganze Neu-Organisation wurde im laufenden Betrieb aufgebaut, während wir parallel immer weitergearbeitet haben.

FAHRZEUG-MANAGEMENT

Der größte Hebel, etwas falsch zu machen, lag in der Bewertung der Fahrzeuge. Wir besaßen im Sommer 2022 ca. 520 Fahrzeuge. Autos, die wir entweder von den Herstellern BMW und Fiat oder von Kunden abgekauft haben. Neuwie Gebrauchtwagen. Und für diese Fahrzeuge mussten wir einen Wert festlegen, weil die Einkaufsrechnungen nicht bei allen Fahrzeugen wieder zu beschaffen waren.

Die neuen BMW und MINIs sowie die Fiats und Alfas waren leicht zu bewerten, da konnten wir die Hersteller nach einer Kopie der Einkaufsrechnungen fragen. Aber die ganzen Gebrauchtwagen, die wir entweder von Kunden in Zahlung genommen haben oder auf dem freien Markt dazugekauft haben, mussten wir bewerten. Dafür nehmen wir das Programm der DAT, es gibt auch Alternativen wie Schwacke oder Ähnliches. Fahrzeugpreise waren schon immer schwankend. Es gab nie »den Preis« für ein Auto. Aber zu der Zeit waren die Märkte durch die Zulieferkrisen wie Chipmangel, fehlende Kabelbäume und die gesamte Auswirkung des Ukrainekrieges und die Nachwehen der Corona-Krise so volatil, dass Fahrzeugpreise bis zu 30 % Schwankungen unterlagen.

Und gerade, als sich der ganze Markt ein wenig beruhigt hatte und dafür aber die Energiepreise durch die Decke gingen und niemand vorhersagen konnte, was dies mit unseren Preisen machen wird – da kam der Moment der Wahrheit: Bewerte alle Autos und verkaufe sie dir selbst. Wir sind sehr gespannt, wie wir in zwei Jahren über all das denken, wenn der Kauf und die ersten Jahresergebnisse vom Finanzamt geprüft sind. Es kann nämlich alles passieren. Es bleibt spannend.

DATEN VON KUNDEN, LIEFERANTEN UND GESCHÄFTSPARTNERN

Keine Daten bedeutet auch: keine Mailadressen, keine Kontaktadressen, keine Handynummern. So konnte man nicht mal Kunden, Lieferanten oder Behörden anschreiben, mit denen man immer Kontakt hatte. Niemand wusste, ob vorname.nachname@musterfirma.de oder v.nachname, @musterfirma.com oder nur nachname@musterfirma-deutschland.de richtig war. Selbst bei bekannten, immer wieder verwendeten Mailadressen wollte man den ersten Buchstaben in die Adresszeile eingeben, so wie man es die Jahre vorher gewöhnt war. Aber da nichts mehr hinterlegt war, wurde auch nichts mehr automatisch vervollständigt. Noch schlimmer war der Verlust der Handynummern. Wie erreichte ich meinen Vertreter bei der BMW AG, bei der Fiat Bank, meinen zuständigen Versicherungsmakler, den Verantwortlichen vom Servicemobil? Bei kleinen Firmen konnten wir die Telefonnummer googeln und uns durchfragen, bei großen Unternehmen wie BMW, Fiat, Würth oder Nürnberger kannten die Mitarbeiter in der Zentrale die Außendienstmitarbeiter gar nicht. Und selbst nach einem Jahr ist das Fehlen der im System hinterlegten Kontaktdaten, die vor dem 11.06.2022 auf den Rechnern hinterlegt waren, noch eins der täglich störenden Probleme. Ständig suche ich einen Kontakt, eine Telefonnummer, Mailadresse und denke: Ach ja, das war einmal. Eigentlich ein Zeichen, dass man mit vielen Menschen eine jahrelange Zusammenarbeit pflegt.

PAPIERCHAOS

Die erste Zeit nach dem Hackerangriff hieß es, ohne Computerunterstützung zu arbeiten – wie anno dazumal mit Papier und Bleistift. Jeder hatte sich nach einer Woche seinen eigenen Plan entwickelt.

Ganz groß raus kam ein langjähriger Mitarbeiter unserer Firma, der nie etwas weggeworfen hat und alte Auftragskarten aus dem Keller holte. Er hatte sie 1970 weggelegt, weil er sich nicht vorstellen konnte, dass diese klobigen Computer mit ihren Floppy-Disks tatsächlich einmal Einzug in Büros halten werden. Er hielt es damals nur für eine hippe Modeerscheinung, die bald wieder verschwindet und das »echte« Arbeiten nicht zurückdrängen kann. Und nun hatten die alten Papp-Auftragskarten tatsächlich die Computer überlebt.

Die Karten gaben wir in die Werkstatt, damit die Monteure wussten, was zu tun war. Aber alle Abrechnungssysteme und Kassen, die sonst digitalisiert liefen, mussten analog nachgebaut werden. Es wurden herkömmliche Kassenbücher gekauft und Geldkassetten wieder hervorgeholt, da die elektronischen Kassen nur mit einem Computerprogramm zu öffnen waren. Jeder organisierte seinen Arbeitsplatz anders. Einige klebten aus Pappe riesige Übersichtskalender zusammen, andere versuchten es mit Karteikarten oder mit einer selbst auf Excel entworfenen Datei.

Wir haben die besten Kunden der Welt, alle waren sehr verständnisvoll, mitfühlend, hilfsbereit. Oder genauer gesagt waren 99 % supertoll.

1 % nicht! Ein Kunde zum Beispiel kam mit einer Gutschrift aus 2014 und behauptete: »Das haben Sie mir aber noch nicht ausgezahlt, das Geld steht mir noch zu. Bevor Sie jetzt pleitegehen, hätte ich das gerne.«

Ein anderer Kunde aus der 1 %-Menge kam mit einer Mail von einem angeblichen Mitarbeiter. Er behauptete, dass dieser Mitarbeiter dem Kunden per Mail mitgeteilt hatte: »Bei der Reparatur haben wir einen Fehler gemacht, gern übernehmen wir die Kosten von 3.900 Euro für Sie.« Diese ausgedruckte Mail hat der Kunde mitgebracht. Unser Glück war, dass der Mitarbeiter einen Umlaut im Namen hatte, ein ö. Zu seinem Pech hat der Kunde in seinem Betrugsversuch den Namen mit ö geschrieben, was unser Mailprogramm aber nie zugelassen hatte, weil es stattdessen mit oe arbeitete. Somit konnten wir die Behauptung entkräften.

So oder ähnlich haben wir in den ersten Wochen mehrere Kunden erwischt, die unsere Situation schamlos ausnutzen wollten. Wenn wir das Gegenteil nicht nachweisen konnten, haben wir, ohne uns groß zu ärgern, denjenigen ihr Geld überwiesen, die behaupteten, dass wir ihnen noch etwas schuldig waren, auch wenn wir ganz sicher sein konnten, dass die Fälle konstruiert waren. Wir hatten so viel zu bedenken und so viel Arbeit, dass sich ein Aufregen gar nicht gelohnt hätte. Es war ohnehin nur der allerkleinste Teil der Kunden gewesen, die meisten hatten vollstes Verständnis und haben unsere Situation mit sehr viel Mitgefühl und Partnerschaft mitgetragen.

Wir haben noch am Montag, den 13.06.2022 ein Kundenanschreiben aufgesetzt, damit wir nicht jedem Kunden erklären mussten, was gerade bei uns los war, sondern ihm einfach einen Brief mit der Erklärung der Umstände in die Hand drücken konnten. Hierfür hatten wir ein befreundetes Druckhaus gefunden, das sofort und unkompliziert für uns am gleichen Tag die Briefe erstellt hatte. Den gleichen Brief hatten wir auch auf unserer Homepage online gestellt, ständig dem jeweiligen Wissensstand angepasst – und hatten sehr viele Zugriffe in den ersten Tagen, weil alle die »Story« mitverfolgen wollten.

TASKFORCE

Wenn man sich Krimis im Fernsehen anguckt, dann hat das FBI immer einen großen Truck, meistens schwarz und cool, ausgebaut als Superbüro, mit Computern und Überwachungskameras, vollständig digitalisiert, immer mit Internetempfang. So einen Truck, in dem sich regelmäßig alle versammeln, Verdächtige verhört werden, Ideen entstehen, Pläne geschmiedet werden, braucht man, um in einer Ausnahmesituation die Mission zu leiten. So war es auch bei uns. Zwar hatten wir keinen Truck, aber wir haben eine Taskforce in meinem Büro eingerichtet. Ich habe meinen Schreibtisch frei geräumt und in die Mitte des Raumes geschoben. Darauf standen immer Wasser, Kaffee, Laugenstangen und Obst bereit. Und das über Wochen. Nicht die abwechslungsreiche Kost, aber hier ging es um die Einrichtung einer schnellen mobilen Einsatztruppe und nicht um ausgewogene Ernährung. Der Tisch war immer voll mit Kabeln, Steckdosenleisten, Tablets, Laptops, Notizblöcken und Kugelschreibern, jeder hatte sein Handy und seinen LTE-Router dabei, den er aus seinem Büro mitbrachte, weil jedes Gerät in einem anderen Router eingeloggt war. Wir haben uns morgens um acht, mittags um vierzehn und noch mal abends um achtzehn Uhr getroffen.

Wir hätten in der Firma auch einen Besprechungsraum, aber da kann man nur eng gedrängt sitzen. Mein Schreibtisch war der einzige große Tisch mit Höhenverstellung, damit wir daran stehen konnten. Außerdem hängt in meinem Büro ein großes Whiteboard, um Ideen festzuhalten. Das Ganze war etwas eng und wirkte auch chaotisch. Leider haben wir unter dem damaligen Stress vergessen, das Ganze für uns zur Erinnerung auf einem Foto festzuhalten. Und nachstellen – das wäre nicht das Original, weil man beim Nachstellen nicht das Adrenalin fühlen und die Stimmung einfangen könnte.

Grundsätzlich liefen die Treffen immer gleich ab. Wir haben als Erstes festgestellt: Wo stehen wir, was haben wir bis jetzt gemacht, was ist der Stand der Dinge, wer arbeitet gerade an was? Auf meinem Whiteboard haben wir alle Ideen vermerkt, Zettel mit Magneten angepinnt, Ideen entwickelt, verworfen, Erfolge notiert und immer wieder einen neuen Plan aufgestellt. Anwesend waren die Buchhaltung, Tim Krämer mit seinem IT-Team, unsere IT-fitten Mitarbeiter, Hauke, mein Mann und ich. Meistens waren wir neun bis zwölf Leute. Mal mehr, mal weniger, weil auch einige Mitarbeiter in die Filialen gefahren sind.

Im ersten Teil, der Aufnahme des Ist-Zustandes, sind immer ganz viele Dinge aufgeploppt. Z.B. konnte die Werkstatt zwar die Autos programmieren, aber wir konnten die Transportsicherung nach dem Anliefern der Neufahrzeuge nicht löschen, weil ein Modul nicht ansprechbar war. Oder das Telefon in Husum lief wieder über die LTE-Router, aber wir konnten nicht von einem Anschluss zum nächsten verbinden. Wir haben bei den Behörden etwas beantragt, brauchten aber noch ein Führungszeugnis des Geschäftsführers dafür. Es gab bei jeder Zusammenkunft am Anfang mehr neue Fragen als schon gelöste. Der Arbeitsaufwand wurde am Anfang von Besprechung zu Besprechung immer mehr. Wir haben die Probleme, die wir nicht sofort lösen konnten, erst mal am Whiteboard gesammelt, um die Aufgaben später nicht zu vergessen.

Zusammen haben wir aus diesem Büro auch die Entscheidung getroffen, die letzten Laptops zu formatieren, die an dem verhängnisvollen Samstag nicht im System waren und daher noch nicht verschlüsselt waren. Diese Entscheidung war symbolisch der allerletzte Schritt zur endgültigen Aufgabe der alten Firmen. Es war zwar allen klar, dass der Virus auch diese Rechner befallen hatte und nach einem Start bestimmt auch hier mit der Verschlüsselung zuschlagen wird. Aber trotzdem war der Schritt für uns ein großer – die Hoffnung, irgendetwas noch an Daten, System oder Programmen, Informationen oder Kontakten zu retten, wurde durch die Entscheidung beendet.

Wir haben von hieraus auch den Startschuss zum Formatieren unserer Server gegeben. Dieses war für uns das Symbol des Neustarts, die geliehenen Server liefen zwar weiter, aber wir fingen an, unsere Systeme wieder von Grund auf neu aufzubauen. Im Gegensatz zu dem Löschen der Laptops als Ende der Ära der alten Firmen war das Formatieren der Server für uns der Inbegriff von Zukunft und des Neuanfangs.

Tim weigerte sich ein paar Tage, tatsächlich den Befehl zum Formatieren zu geben, weil er noch länger als alle anderen an eine Rettung geglaubt hatte. Wir anderen hatten die alten Daten schon längst abgeschrieben. Aber wahrscheinlich machte nur Tim die Endgültigkeit des Befehles »Format C« melancholisch, da ich ja hauptsächlich mit kaufmännischen Dingen beschäftigt war.

WAS MACHT STRESS MIT UNS?

Ich bin jemand, der schon heult, wenn im Film ein Hund stirbt oder wenn in einem guten Buch die Liebe mein Herz zerreißt. Ich kann mich beim Lesen so sehr erschrecken, dass ich aufschreie. Im Kino habe ich immer Taschentücher mit – man weiß ja nie.

Aber ich habe in der ganzen Zeit nicht ein einziges Mal geweint, sondern war in einem »Macher-Modus«. Wenn ich jetzt in friedlichen Zeiten vor meinem Rechner sitze, die Systeme laufen, eine gute Tasse Tee neben mir, dann ist es fast gar nicht vorstellbar, unter wie viel Strom wir gestanden haben.

In meinem Kopf lief es ab wie in dem Geflecht eines Baumes. Ich hatte tausend Angelegenheiten zu organisieren, die sich immer weiter verzweigten. Und es kamen immer mehr Probleme, immer mehr Ideen, immer mehr Verästelungen dazu. Ich hatte überall mein Notizbuch dabei, um aufpoppende Ideen aufzuschreiben, um den Gedanken nicht zu verlieren, um den Faden zwischen den einzelnen Punkten auf Papier festzuhalten.

In der ersten Woche haben wir fast gar nicht geschlafen. Es gab kein Gefühl von Müdigkeit, es gab nur das ganz schnelle Drehen im Kopf, ein Overflow an Ideen, an aufkommenden Problemen, an Möglichkeiten und Lösungen.

Wir haben uns zwar morgens die Zähne geputzt und abends gegessen, aber ein normales Leben gab es nicht mehr. Die Großeltern haben die Versorgung unserer Familie übernommen, wofür wir ihnen heute noch dankbar sind, weil wir sonst verhungert wären. Niemand von uns hätte die Ruhe gehabt, in einen Supermarkt zu gehen und so etwas Normales zu machen, wie Nudeln aus dem Regal zu nehmen. Über eine Woche drehten sich die Gedanken nonstop um die Firma, nachts um vier Uhr im Bett genauso wie um fünfzehn Uhr im Büro. Wenn ich morgens so gegen sechs ins Büro kam, waren schon einige da, wenn wir spät abends gingen, waren immer noch welche an ihren Arbeitsplätzen, wenn ich nachts um vier Uhr eine WhatsApp schreib, wurde sie fast immer sofort beantwortet, weil die meisten auch nicht schlafen konnten.

Mein Mann und ich haben erst nach einer Woche ein paar Stunden Schlaf gefunden. Die ganze Zeit habe ich darauf gewartet, dass ich zusammenbreche, dass ich losheule oder einen Nervenzusammenbruch bekomme. Es hätte wahrscheinlich niemanden gewundert. Aber nein, wir waren dafür gebaut, den ganzen Stress durchzustehen. Keiner von uns hatte einen Ausfall. Niemand hat je einen Tag zu Hause verbracht, die ersten Wochen haben wir inkl. Wochenende durchgearbeitet: die Buchhaltung, die Geschäftsführung, ganz viele Mitarbeiter, die ihre Abteilungen organisiert und am Laufen gehalten haben. Ein Leben in Hochgeschwindigkeit und unter Stress pur.

Eigentlich wollten wir im Sommer segeln gehen, aber an Segeln, Entspannung oder Horizont war gar nicht zu denken. Dann haben wir uns doch gezwungen, Ende Juli ein paar Tage Auszeit zu nehmen, aber wir hatten keine Ruhe und brachen die Tour nach drei Häfen ab, um wieder in der Firma Probleme zu lösen.

Das Dauer-Adrenalin baute sich mit der Zeit ganz langsam von allein ab. Irgendwann konnten wir auch wieder schlafen. Erst sind wir spät eingeschlafen und früh aufgewacht, irgendwann sind wir wieder in unserem normalen Rhythmus gewesen: schlafen, duschen, Betten machen, essen, trinken, arbeiten und zu Hause sein. Der Übergang war zwar fließend, aber nach unserer Entscheidung, alles zu liquidieren und neu anzufangen, wurde der Kreisel im Kopf entspannter. Da gab es dann zwar noch mehr Aufgaben und noch mehr zu organisieren, aber wir hatten ein Ziel: Wir fangen neu an und machen alles genau so, wie es uns am allerbesten gefällt. Wir hatten ja genügend Jahre Erfahrung, um zu wissen, wie wir den Aufbau, die Systeme und auch die Prozesse in unserer »neuen« Firma für uns perfekt gestalten wollen.

AUFGEBEN?

Was uns wirklich nie in den Sinn gekommen ist: aufgeben.

Obwohl wir in der ersten Woche gar nicht geschlafen haben, obwohl wir bei jedem Gedanken zeitgleich mehrere Ideen durchdenken mussten und sich gleichzeitig drei weitere Aufgaben im Kopf meldeten, die auch bedacht werden wollten, obwohl in den ersten Wochen die Anforderungen immer mehr wurden, haben wir tatsächlich nie ans Aufgeben gedacht.

Meine Steuerberaterin hat mich am zweiten Tag gefragt: »Willst du dir das wirklich antun? Du bist doch jetzt 55, und wenn wir einfach alles abwickeln?«

Da habe ich sie ganz verdutzt angeguckt und fand eher, sie wollte mir die Herausforderung meines Lebens vorenthalten.

Es war alles stressig und es war alles sehr anstrengend, aber auch eine Herausforderung, bei der wir nicht aufgeben wollten. Wir haben nie an unserem Weg gezweifelt. Bis jetzt sind wir der Meinung, dass wir es wieder genauso machen würden, wenn wir die Zeit zurückdrehen könnten. Für uns war das der beste und sinnvollste Weg, mit der Situation umzugehen.

Allerdings haben wir gegen das Arbeitszeitgesetz verstoßen. Normalerweise halten wir uns an alle gesetzlichen Vorgaben und werden ständig von den Behörden überprüft:

Arbeitsschutz, Lohnsteueraußenprüfung, ISO-Zertifizierung, Umweltbehörde. Aber in der Zeit des Hackerangriffs und in den ersten Wochen danach hat niemand auf die Arbeitszeiten geachtet. Es hat gleichzeitig auch nie jemand nach Überstundenbezahlung gefragt. Alle Mitarbeiter haben gemerkt: Jetzt geht es um die Wurst – wir retten hier unsere Firma.

Ich habe nie jemanden gebeten, länger zu bleiben, sondern im Gegenteil der Buchhaltung verboten, das fünfte Wochenende in Folge durchzuarbeiten. Jedoch hat keiner auf mich gehört. Es hatte sich eine so dynamische und eifrige Arbeitsatmosphäre entwickelt, dass niemand auf die Idee gekommen wäre, auf seinen vertraglich festgelegten vierzig Wochenstunden zu bestehen. Vermutlich hätte ich eher die Beherrschung verloren, wenn jemand von außen gesagt hätte: »Aber Sie denken dran: maximal 48 Wochenarbeitsstunden.« Gefühlt hatten wir die am Dienstagabend schon erreicht.

Irgendwann ging es ganz von allein, schleichend und langsam in einen normalen Arbeitsalltag über. Vor Weihnachten haben dann alle wieder die gewohnten Arbeitszeiten eingehalten. Arbeitszeiten oder rechtliche Vorgaben sind wie alle bürokratischen Regeln immer für den »Normalfall« ausgelegt. Aber beim Festschreiben all der Vorschriften hat niemand an einen absoluten Ausnahmezustand gedacht. Die Arbeitsplätze von 200 Menschen konnten nur gerettet werden, weil Arbeitszeit in dem Moment niemanden interessierte. Und ich war allen sehr dankbar, weil ich alleine gar nichts geschafft hätte. Nur mit dem ganzen Engagement und dem Einsatz all der fleißigen Mitarbeiter konnten wir zusammen unser Unternehmen retten. Aber mit einer 40-Stunden-Woche hätten wir das nicht geschafft.

Wir haben immer aus Spaß gesagt: Corona mit den geschlossenen Autohäusern war zum Aufwärmen, die richtige Herausforderung kam für uns mit dem Hackerangriff. Trotz des ganzen Stresses hat es auch irgendwie Spaß gemacht. Ein bisschen ist Arbeiten ja auch immer wie ein Spiel. Jede Verhandlung um ein Automobil ist wie Feilschen auf einem Basar. Und jede Gehaltsverhandlung ist ein spielerisches Abtasten der Grenzen des Gegenübers. Ich habe die Herausforderung wie einen riesigen Escape-Room empfunden. Ein Wirtschaftsabenteuer, das wir gewinnen wollten.

Vor vielen Jahren war ich auf einem Seminar zum Thema »Führung«. Der Trainer gab uns den Tipp, sich vorher zu überlegen, was das Allerschlimmste sein könnte, was passiert, wenn wir unseren Job richtig schlecht machen. Wenn man z. B. auf eine Bühne geht, um eine Rede zu halten, und die Rede einem nicht einfällt, man sich verspricht, stottert, den Text vergisst oder sogar gar nichts rausbekommt, dann ist das Schlimmste, was einem passieren kann: Die Zuhörer denken »Oh nein, wie peinlich, die kann ja gar nicht reden.« Dann wird man im Foyer noch etwas schief angeguckt, alle belächeln einen mitleidig – aber mehr wird nicht passieren, außer dass man nie mehr gefragt wird, ob man eine Rede halten könnte.

Diese Frage stelle ich mir oft: Was ist das Schlimmste, was jetzt passieren könnte. Und so habe ich sie mir auch in dieser Situation gestellt. Und das Schlimmste wäre: Alle Mitarbeiter verlieren ihren Job, weil die Firmen insolvent sind. Bei dem derzeitigen Fachkräftemangel würden alle schnell wieder einen Job bekommen – das wäre zwar nicht die Firma Bauer –, aber schlimm wäre es nicht.

Und mein Mann und ich würden alles verlieren, was wir uns aufgebaut hatten, unser Haus wäre weg, wir hätten kein Geld mehr, würden Privatinsolvenz anmelden müssen und von seinem Gehalt leben, vielleicht in eine Mietswohnung ziehen müssen. Aber auch das wäre ja nicht so schlimm. Richtig schlimm wäre eine schlimme Krankheit, jemand stirbt oder erhält eine schlechte Diagnose. Aber »nur« sein ganzes Geld zu verlieren, wäre dagegen nicht so schlimm. Mehr würde nicht passieren. Das wäre nicht toll, aber unsere Familie wäre weiterhin gesund, wir würden anders weiterleben, aber wir hätten uns alle noch. Und mit dem Gedanken konnten wir auch ganz optimistisch an die ganze Sache rangehen, weil es selbst im allerschlechtesten Fall noch viel besser wäre als einige Alternativen. Daher konnten wir gar nicht so viel verlieren.

WAS BRAUCHT MAN FÜR EINE BILANZ?

Vielen Leuten habe ich in der Zwischenzeit unsere Geschichte erzählt, und es war immer wieder die gleiche Frage, die am Ende gestellt wurde: »Warum habt ihr die Firmen liquidiert? Ich verstehe nicht, warum ihr nicht mit den alten Firmen weitergemacht habt.«

Der Grund ist vielschichtig.

Zum einen: Was ist eine Firma? Sie besteht nicht nur aus Gebäuden, Autos und Mitarbeitern – das hatten wir noch. Sie besteht auch aus Kundendaten, Verbindlichkeiten, Monatsabschlüssen, Mitarbeiterbeurteilungen oder Bilanzen.

DER ABLAUF

Die Bilanzen 2020 für unsere Firmen hatten wir, diese waren vom Wirtschaftsprüfer testiert und im elektronischen Bundesanzeiger veröffentlicht. An den Bilanzen 2021 arbeiteten wir noch, da viele Zahlen wie Bonuszahlungen für erreichte Ziele, Prämien für Zulassungszahlen, Zahlungen der Kundenrechnungen aus dem Vorjahr, Prämien für Mitarbeiter oder Steuern erst im späten Frühjahr fertig berechnet vorlagen.

Daher war die Erstellung aller Zahlen für 2021 kurz vor der Übertragung an die Steuerberater, als alle Server plötzlich verschlüsselt waren. Da wir alles digital erledigten, waren die buchhalterischen Unterlagen weg. Wir beschäftigten eine Bilanzbuchhalterin, die im Haus für diese Aufgaben zuständig war, sodass auch kein externer Steuerberater Kopien der Unterlagen hatte. Es wäre in dem Falle einfacher gewesen, wenn wir unsere Rechnungen, Quittungen und Zettel einfach jeden Monat in einen Karton gepackt und zum Steuerberater gefahren hätten. Aber nein, wir machten alles in unserem Hause selbst und reichten am Ende die fast fertige Bilanz als Datei zur Prüfung ein. Nun war nichts mehr zum Einreichen und auch nichts mehr zum Prüfen da.

Zuerst haben wir trotzdem versucht, die Bilanz aufzustellen.

BAUSTEIN ANLAGEVERMÖGEN

Das Anlagevermögen war nicht so schwer festzulegen. Wir haben einfach die alte Bilanz aus dem Jahr 2020 genommen, nachgesehen, was noch da war, und die Dinge, die wir im letzten Jahr dazugekauft hatten, einfach addiert. Diese Anschaffungen konnten wir aus der Erinnerung rekonstruieren, wir haben die Annahme der Fiat-Werkstatt mit neuen Möbeln ausgestattet und in der Buchhaltung neue Schreibtische zum Stehen gekauft. Abschreibungen sind linear zu berechnen, sodass wir sehr einfach die Werte berechnen konnten. Und fertig was das Anlagevermögen.

BAUSTEIN UMLAUFVERMÖGEN: FAHRZEUGE

Beim Umlaufvermögen wurde es schwierig. Welche Autos mit welchem Wert besaßen wir? Wir hatten sieben rechtlich getrennte GmbHs und mussten uns die Waren untereinander berechnen, einiges mit, einiges ohne Umsatzsteuer, weil nicht alle Unternehmen die gleichen Gesellschafter hatten und somit nicht alle einer Umsatzsteuerorganschaft unterlagen. Mal war ich die alleinige Gesellschafterin, mal mit meinem Vater zusammen. So war es auch nicht ganz einfach festzustellen, ob der neue BMW 320, der in Schleswig in der Halle stand, auch dem Schleswiger Betrieb gehörte. Wir stellten Fahrzeuge oft um, das heißt, dass Neufahrzeuge einen Monat in Husum, dann einen Monat in Schleswig und später in Flensburg im Showroom stehen, um Kunden zu begeistern. Erst wenn die Autos verkauft werden, wurde eine Rechnung vom einkaufenden an den verkaufenden Betrieb geschrieben, damit die Ware an den Kunden richtig weiterberechnet werden konnte. Anhand des Standortes konnten wir aber nicht ermitteln, zu welcher GmbH das Auto rechtlich gehört.

Der Wert war bei Neuwagen feststellbar, aber bei

Gebrauchtwagen ohne Einkaufsrechnungen nicht zu ermitteln. Für die Erstellung einer Bilanz war jedoch eine Einkaufsrechnung nötig, und darauf basierte die Abschreibung, damit sich der Buchwert ergab, der dann in der Bilanz als Umlaufvermögen der Firma stand. Wir konnten aber lediglich die Anzahl feststellen: 520 Fahrzeuge. Für die Aufstellung der Bilanz war aber der Wert wichtig, nicht die Menge.

Wir konnten die Fahrzeuge zwar bewerten, das machen wir in unserem Hause mit DAT, aber der Wert war ein stichtagsbezogener Marktwert und nicht der »echte« Einkaufswert. Durch Corona, den Ukrainekrieg waren sowohl Fahrzeuge als auch Ersatzteile Mangelware, sodass die Preise in der Zeit um bis zu 30 % von den sonst üblichen Marktpreisen nach oben abwichen. Das bedeutete, dass wir Fahrzeuge, die wir ein paar Monate davor für einen noch damals üblichen Wert eingekauft hatten, jetzt für 30 % mehr in unseren Bestand aufnehmen mussten. Aber wenigstens hatten wir die Möglichkeit, einen aktuellen Marktwert festzulegen.

BAUSTEIN UMLAUFVERMÖGEN: AUTOTEILE

Noch schwieriger war die Bewertung der Teile, da hier die Einkaufspreise und Warenwerte völlig unübersichtlich waren, teils massiven Preisschwankungen unterlagen oder durch gutes Verhandlungsgeschick ungewöhnlich günstig eingekauft werden konnten. Ohne IT war es nicht mehr möglich, die durchschnittlichen Einkaufspreise zu ermitteln.

Daher hatten wir in diesem Punkt keine Chance, für eine Bilanz das Umlaufvermögen aufzustellen. Die Teilepreise waren in einigen Teilegruppen um 300 % gestiegen. Hier konnten wir nur die überhöhten aktuellen Einkaufspreise mit einem pauschalen Abschlag als Grundlage nehmen.

BAUSTEIN KASSENBESTAND UND FORDERUNGEN

Den Kassenbestand nahmen wir optimistisch als korrekt an, weil wir davon ausgingen, dass niemand in der Kasse mein und dein verwechselt hat. Um eine Bilanz aufzustellen, braucht man aber eine »Herleitung« des Kassenbestandes und keine Momentaufnahme. Kein Steuerberater hätte uns unsere gezählten Bestände als »Barbestand« testiert.

Forderungen: Tja, von welchen Kunden bekommen wir noch wie viel Geld? Bestimmt fielen uns noch Aufträge ein, die noch nicht abgerechnet wurden, also sollte jeder Mitarbeiter am ersten Tag nach dem Hackerangriff ein Gedächtnisprotokoll anfertigen, damit wir wenigstens die aktuellen Dinge nicht aus den Augen verloren, aber eine Aufstellung der exakten Forderungen war chancenlos. Keine Ahnung, von wem wir noch Geld hätten bekommen sollen.

BAUSTEIN KAPITAL

Für eine Bilanz ist die Kapitalseite auch sehr wichtig. Das eingezahlte Kapital war leicht nachvollziehbar, aber die Gewinnvorträge, die Gesellschafterdarlehen ... Ich hätte Geld aus dem Unternehmen entnehmen oder auch einzahlen können, also konnten wir die alten Zahlen aus den früheren Bilanzen nicht übernehmen. Gleiches galt für den Gewinn aus dem Jahr 2021.

Alles, was mit Leasing zusammenhängt, macht einen wichtigen Kapitalfaktor in der Bilanz aus, da das Leasingsystem auf Berechnungen mit vielen Variablen beruht, die sich letztlich in Geldwerten niederschlagen. Diese recht hohen Beträge und deren Verarbeitung für die Bilanz waren nicht mehr auffindbar. Der größte Posten hierbei waren die Rückstellungen für Leasingrückläufer.

BAUSTEIN VERBINDLICHKEITEN

Verbindlichkeiten hätte man darstellen können. Vielleicht hätte das etwas gedauert, aber bestimmt hätten sich irgendwann alle gemeldet, um zu sagen, dass sie noch Geld von mir bekamen. Aber zur Erstellung einer Bilanz wäre auch das nicht verlässlich genug gewesen.

BAUSTEIN GUV

Eine Gewinn- und Verlustrechnung (GuV) gehört ebenfalls zur Firmenführung. Beim Jahresabschluss stellen wir damit fest, ob sich die ganze Arbeit gelohnt hat und ob wir einen Ertrag im abgelaufenen Geschäftsjahr erwirtschaftet haben.

Dafür braucht man den Materialeinsatz, der nun nicht mehr klar darstellbar war, und die Verkaufspreise, die ebenfalls nicht mehr zu rekonstruieren waren. Gleiches galt für die Personal-, Betriebs- und Werbekosten. Die Angaben sämtlicher Kosten waren dem Hack zum Opfer gefallen, sodass keine GuV zu erstellen war. Selbst wenn wir die Zahlen mit viel Fantasie aufgestellt hätten, es hätte uns kein Steuerberater der Welt diese als korrekt testiert, weil sie nicht prüfbar waren.

Daher hatten wir für die alten Firmen keine Betriebswirtschaft mehr. Und damit eigentlich auch keine Firmen, denn diese lassen sich rechtlich nur mit all diesen Unterlagen darstellen.

Dies war der Grund, warum wir entschieden, dass wir die Firmen liquidieren und neue Firmen gründen wollten. Dieser Entschluss barg einen großen Vorteil, denn wir konnten auf diese Art alles neu aufbauen, ohne auf vorhandene Gegebenheiten Rücksicht zu nehmen.

DIE IDEE DES NEUSTARTS

»Ich mach mir die Welt, widde widde wie sie mir gefällt« hat Pippi Langstrumpf immer gesagt – und genau nach diesem Zitat haben wir unsere neue Firma aufgebaut. Dafür warfen wir ein anderes Zitat komplett über Bord: »Das haben wir immer schon so gemacht.«

Alte Strukturen ließen wir hinter uns, wir sortierten neu, ordneten und übernahmen nur noch Elemente, die für die Zukunft sinnvoll waren, ohne Rücksicht auf Nostalgie, Komfortzone und Gewohnheiten.

So entstand die Idee, eine Firma für die Marken BMW und Mini und eine weitere für die Marken Fiat, Jeep, Alfa, Abarth sowie Fiat Transporter, IVECO, die Lackierung und Point-S zu gründen. Zwei Firmen statt wie früher sieben. Diese Firmen bauten wir von null neu auf und nutzten die Chance, aktuelle und bessere Computerprogramme auszuwählen – wir mussten ohnehin alles neu kaufen, es gab bei den IT-Konzernen keine Kulanz. Wir dachten zuerst, dass wir die schon erworbenen Programme für eine kleine Aufwandsentschädigung wieder eingespielt bekamen. Aber das bot uns keine einzige Firma an, wir mussten tatsächlich alle verloren gegangenen Programme neu erwerben.

Viele Abläufe und Prozesse werden von den Herstellern vorgegeben wie der Ablauf eines Verkaufsgespräches, welcher dann beim Mystery-Testkauf kontrolliert wird, ob wir wirklich die vorgegebenen Fragen stellen, die richtigen Dinge erklären und der Ablauf so bei allen BMW-Händlern gleich ist. Das Marketing ist durch vorgefertigte Anzeigen, vorgeschriebene Kundenevents, priorisierte Kanäle genauso für jedes Jahr festgelegt, da haben wir wenig Spielraum, selber Ideen zu entwickeln. Aber es gibt immer noch kleine Freiheiten, in denen wir selbst entscheiden können, hierzu gehören z. B. einige Computersysteme, wenn diese die richtigen Schnittstellen zu den BMW- oder Fiat-Programmen haben. Also haben wir ein neues Buchhaltungsprogramm gewählt, das von beiden Firmen genutzt werden konnte – vorher hatten wir verschiedene Buchhaltungsprogramme. Durch die Reduzierung auf zwei GmbHs, die in den Standorten Flensburg, Schleswig, Husum und Heide Filialen besitzen, sparten wir enorme Kosten, da nur noch zwei Bilanzen statt sieben erstellt werden müssen, nur noch zwei Computersysteme inkl. Lizenzen und dem Kauf der Programme waren.

Aber das Fundament einer Firma sind ja nicht die Computer oder Prozesse, sondern in erster Linie die Mitarbeiter und die Kunden. Außerdem machen ja auch Geschäftspartner und langjährige Berater einen Teil einer Firma aus, und die waren glücklicherweise alle noch an unserer Seite.

DER GROSSE PLAN

Mit zwei cleveren Steuerberaterinnen und zwei ebenso cleveren Anwälten entwickelten wir die Skizze für den großen Plan an einem Abend. Der wichtigste Punkt: Spielt das Finanzamt mit? Sonst würde unser Vorhaben nicht aufgehen.

BEIM FINANZAMT

Gleich am Montag nach dem Hackerangriff haben wir dem Finanzamt handschriftlich mitgeteilt, dass wir unsere Umsatzsteuervoranmeldung nicht abgeben konnten, weil wir alle Daten verloren hatten, wir auf keine Computer und keine Drucker zurückgreifen konnten. Bestimmt hat unser Sachbearbeiter gedacht, wir spinnen oder erlauben uns einen Scherz mit ihm, einen handgeschriebenen Zettel abzugeben und zu erzählen, dass wir nicht mal mehr auf einen Drucker zugreifen konnten. Kurze Zeit später hatten wir mit ihm telefoniert, der aktuelle Stand war also nun bekannt.

Einen großen Plan aufzustellen und die Firmen neu zu erschaffen, war jetzt ein ganz anderer Schritt, als eine Umsatzsteuervoranmeldung zu vertagen.

Wir bekamen sehr schnell einen Termin beim Finanzamt genau mit den Mitarbeitern, die auch entscheiden konnten.

Wir waren sehr erleichtert, dass der Termin so spontan ge-klappt hat. Dort legten wir unsere Lage dar, beschrieben unsere Situation inkl. aller möglichen Handlungsoptionen und erklärten ihnen unseren Plan.

Nach diesem Gespräch kann ich nur sagen: Der wirtschaftliche Sachverstand im Finanzamt Flensburg war der Hammer, das Verständnis für unsere Situation war sofort da, alle Ansprechpartner haben die Ausmaße des Hackerangriffes durchschaut. Zusammen betrieben wir Brainstorming, ob es noch andere Lösungsansätze geben könnte, weil es diesen Fall so in Flensburg noch nie gegeben hat. Am Ende fanden wir eine gute Lösung, wie wir die alten Firmen ab-wickelten und die neuen starteten. Das Finanzamt hat sich zwar an alle laufenden Gesetze und Vorschriften gehalten, ohne irgendwelche Sonderkonditionen zu bieten, aber die ganze Sache wurde mit normalem Menschenverstand be-wertet. Für alle war klar: Wo keine Zahlen sind, können auch keine Zahlen angefordert werden. Kurzfristig ging es hier um die Umsatzsteuer, langfristig um Bilanzen und die Steuer-erklärung. Das große Problem an der Situation war, dass wir keinen Bestand und keine Bewertung des Bestandes hatten. Zugute kam uns, dass wir dem Finanzamt nie negativ aufgefallen waren und so auf einer guten Vertrauensbasis agieren konnten.

Dieses Vertrauen in unsere Ehrlichkeit war leider nicht überall gegeben.

RECHTSNACHFOLGE UND HÄNDLERVERTRÄGE

Im Gegensatz zum Finanzamt, welches pragmatische Lösungen suchte, haben Hersteller an ihren selbst auferlegten bürokratischen Vorschriften festgehalten. So mussten wir monatelang auf die Information warten, ob wir weiter Händler für einen großen Hersteller sein können, nur weil die Rechtsabteilung dieses Herstellers nicht ihr »OK« in dem vorgeschriebenen Ablauf gegeben hat. Diese Vorgaben waren aber für einen Kauf von einem Händler an einen anderen vorgesehen, die noch all ihre Unterlagen und Daten hatten.

Der Knackpunkt war die Rechtsnachfolge.

Wenn wir die Geschäftsanteile, also die GmbH-Anteile der alten Unternehmen,an die neuen verkauft hätten, dann wäre die Rechtsnachfolge sicher gewesen. Das heißt im Fachjargon Share Deal, ich verkaufe ein ganzes Unternehmen mit allen Verträgen, Waren, Forderungen, Verpflichtungen, Verbindlichkeiten. Wir haben aber beschlossen, einen Asset Deal zu machen, das heißt, wir haben neue Firmen gegründet und »nur« die Gegenstände wie Autos und Bühne, Schreibtische und Schraubenschlüssel von den alten Firmen gekauft. Dieser Asset Deal kann vertraglich auch ein Übergang im Ganzen sein, und zwar genau dann, wenn wirklich alles gekauft wird, jeder Schraubenschlüssel, jede Schraube. Da wir aber keine Bestandslisten der alten Firmen hatten, konnten niemand rechtssicher bestätigen, dass wir wirklich alles an die neuen Firmen verkauft haben. Hätten wir im Keller eine alte Werkzeugkiste vergessen, wäre es rechtlich kein Übergang im Ganzen. Und so sah das auch die Rechtsabteilung dieses Herstellers. Und damit schlug die Bürokratie voll zu. Weil die Rechtsabteilung eine Rechtsnachfolge nach den eigenen Vorgaben nicht bestätigen wollte, konnte die nachfolgende Abteilung, die Händlernetzplanung, uns auch unsere Händlerverträge nicht auf die neuen Firmen übertragen. Obwohl es die gleichen Gebäude, die gleichen Menschen, Werkzeuge, das gleiche Wissen, Hebebühnen sowie Fahrzeuge waren.

Diese versuchten sich dann abzusichern, indem sie unseren Rechtsanwalt aufforderten, eine verbindliche Erklärung abzugeben, dass wir wirklich jedes Teil aus der alten Firma an die neue verkauft haben, was dieser natürlich auch nicht unterschreiben konnte. Und so haben wir monatelang versucht, dass wir unsere Händlerverträge nicht verlieren, weil unser gesamtes Autohaus auf diesen Hersteller ausgerichtet ist.

Als wir ganz verzweifelt waren und schon über die Rückgabe der Verträge und den damit verbundenen Verkauf aller Kundendaten nachdachten, kam doch die Einsicht des Partners, dass der Kauf unserer Daten und danach die Neubewerbung inkl. aller damit verbundenen Arbeiten bei einer Neuaufnahme im System kaum Sinn machen – und so wurde diese Unklarheit nach Monaten der Unsicherheit auch geklärt, was uns nervlich sehr belastet hat. Dass ich einmal schreiben könnte, dass das Finanzamt und auch das Amtsgericht sowie das Bundesamt für Finanzen uns alle Steine, die Bürokratie heißen, aus dem Weg räumen, um uns schnell, wirtschaftlich und pragmatisch zu helfen, dagegen unser eigener Hersteller nicht bereit war, seine Steine, gebaut aus seinen eigenen aufgestellten Prozessen, wegzurücken, hätte ich niemals erwartet.

ÜBERNAHME DER MITARBEITER

Der einfachste aller Punkte waren die Mitarbeiter-Übernahmen. Für jeden Mitarbeiter, dessen Daten auch weg waren, mussten wir einen Mitarbeiterübernahmevertrag vorbereiten mit dem Inhalt, dass er oder sie ab dem 1. Juli 2023 von der Firma X in die Firma Y wechselt und er oder sie alle seine Rechte wie Betriebszugehörigkeit, Gehalt, Urlaub, Prämien usw. behält. Durch die Jahre war ein völliges Durcheinander gewachsen, welche Mitarbeiter in welchen Firmen an welchem Standort für welche Marken arbeiten, weil viele intern gewechselt haben, wir sie aber arbeitsrechtlich nicht immer von der einen in die andere Firma übernommen haben und nur die Kosten weiterberechnet hatten. So war die reine Neusortierung der Mitarbeiter nicht so einfach – aber sehr sinnvoll.

Ich wollte mir die Arbeit erleichtern und habe alle Mit-arbeiter in einer Excel-Liste erfasst und hinter jeden Namen in je eine Spalte die alte und die neue Firma geschrieben. Mit der Serienbrieffunktion machte ich bis vier Uhr in der Früh alle 250 Schreiben schnell fertig. Und am Ende war fast alles falsch, da sollten Mitarbeiter von einer Firma, in der sie noch nie tätig waren, zu einer Marke wechseln, die sie noch nie repariert hatten. So wurde unser Chaos noch durch meinen Fehler vergrößert, da mir die falsche Zuordnung erst aufgefallen war, nachdem alle Schreiben in Briefumschläge verpackt und an die Mitarbeiter verteilt waren. Ich habe mich bei allen per WhatsApp entschuldigt und angeboten, dass ich jedem ein neues Schreiben aufsetzte, in dem alles richtig ist. Aber es hat sich niemand gemeldet. Ich glaube, zu dem Zeitpunkt waren alle noch mit dem Realisieren der Situation beschäftigt und froh darüber, dass wir alle für den Erhalt der Firma und damit um ihre Arbeitsplätze kämpften.

LERNEN AUS FEHLERN

Fehler habe ich übrigens viele gemacht: Tagelang habe ich Listen aus Kontoauszügen anfertigen lassen, die wir später gelöscht haben, weil wir am Ende doch nichts damit anfangen konnten. Alle Schreibtische, Lampen, Stifte, Radiergummis und Computer haben wir in irre lange Excel-Tabellen aufgenommen, um dann festzustellen, dass wir nur das Anlagevermögen aus der alten Bilanz und die Waren bewerten müssen. Kundendaten übertrugen wir doppelt ins System, weil ein Dienstleister noch Daten zurückspielen konnte, um dann festzustellen, dass damit falsche Kundennummern eingespielt wurden. Neue Systeme füllten wir mit ganz vielen Daten, um dann alles zu löschen, weil Schleswig und Flensburg versehentlich mit den gleichen Rechnungsnummern angefangen haben und es auf einmal diese Rechnungsnummern zweimal gab.

Dieses fiel durch Zufall auf. Eine Kundin rief an, weil sie versehentlich ihre Rechnung zweimal bezahlt hatte. Da ihre Vorwahl aus dem Raum Schleswig kam, haben wir den Ordner mit den handgeschriebenen Rechnungen aus Schleswig durchgeblättert. Als dann aber bei der Rechnungsnummer weder Betrag noch Name oder Leistung mit der Kundin übereinstimmten, haben wir den Rechnungsordner aus Flensburg geholt und gesehen: Wir stellten seit Tagen mit den gleichen Nummern in der gleichen Firma mit unterschiedlichen Filialen Rechnungen aus. Das geht natürlich nicht, eine Rechnungsnummer muss eindeutig zuzuordnen sein. Aber bei diesem Durcheinander, wenn alles nur auf Zetteln gemacht wird und es kein Buchhaltungsprogramm, sondern nur Ordner und Zettel gibt, kann das passieren.

In der Zeit, in der ich das jetzt schreibe, haben wir ein Problem mit den Schnittstellen: Die Rechnungssumme kommt weder korrekt auf dem Kundenkonto noch in der Buchhaltung an. Welche Schnittstelle nicht läuft und wo der Fehler herkommt, weiß noch niemand. Aber auch hier geben wir nicht auf.

Und jedes Mal, wenn ich wieder erneut feststellte, dass wir in etwas Falsches, umsonst oder nicht zielführend unsere Arbeit und Zeit gesteckt hatten, kam mir der abgewandelte Spruch in den Sinn: »Entschuldigung, dass ich Fehler mache, aber ich bin zum ersten Mal gehackt worden«. Eigentlich heißt der ja, dass man sich entschuldigt, weil man zum ersten Mal lebt. Ich fand den Spruch nie gut – aber beim Hackerangriff passte er perfekt.

WIR KAUFEN DIE EIGENEN SACHEN

Zum großen Plan gehörte die Erstellung einer Schlussbilanz der alten Firmen und einer Eröffnungsbilanz der beiden neuen Firmen. Eigentlich zählt man nur alle Autos und Hebebühnen und Ölfilter, nimmt sie der Menge nach auf und gibt ihnen einen Wert, damit man dann eine Summe bilden kann, deren Höhe dann den Kaufpreis darstellt, welchen wir an uns selbst zu zahlen haben. Hört sich einfach an. Allerdings ist das nicht so einfach. Die Probleme, ohne Unterlagen eine Bilanz zu erstellen, habe ich bereits dargelegt.

Damit wir bei der Überführung unserer alten in die neuen Firmen nicht eigenen Schrott kaufen, führten wir eine genaue Inventur durch und sortierten gründlich aus. Was wir nicht mehr haben wollten, was uralt war, was wir nicht mit gutem Geld bezahlen wollten, kam auf den Prüfstand: Museum oder Müll. Diese Aufräumaktion bedeutete gleichzeitig, dass kein noch so kleines Teil am Ende im Lager liegen würde, welches wir nicht auf der Liste hatten. Das Finanzamt gab uns die Chance, aus dieser Nummer mit einem blauen Auge und zwei frischen Unternehmen herauszukommen, es gab uns einen riesigen Vertrauensvorsprung. Wir wollten nicht eine einzige Schraube unterschlagen. Ehrlichkeit ist in der Situation viel mehr wert als clevere Ideen eines Einzelnen oder gespartes Geld. Trotz aller Kommunikation hat nicht jeder Mitarbeiter die Zusammenhänge verstanden. In einem Lager fand ich alten Schrott, der aufbewahrt wurde in der Hoffnung, dass die Werkstatt irgendwann bei einem alten Fahrzeug genau dieses Teil braucht. Dass wir diese alten Teile innerhalb der Firmenneugründung aber quasi von uns selbst kaufen würden und somit gutes Geld dafür auszu-geben hätten, stieß auf Unverständnis: Wieso kaufen, die Teile sind doch da? Daher hatte ich stets ein Auge auf die Lagerhaltung, was mir aber rückblickend nicht sehr gut ge-lungen ist, weil wir in zwei Lagern doch alten Schrott für gutes Geld gekauft haben. Sehr schade ist, dass wir den Gewinn in der alten Firma versteuern müssen, verkauften Schrott für gutes Geld bedeutet Gewinn, der versteuert wird. Auch schade ist, dass wir in der neuen Firma jetzt einen hohen Warenwert in der Bilanz stehen haben, obwohl die Teile diesen Wert am Markt niemals erzielen werden und wir sie nach und nach verschrotten müssen und in der Bilanz wertberichtigen werden – also ausbuchen. Noch schlimmer ist, dass die Mitarbeiter sich meiner Anweisung widersetzt haben. Aber am allerschlimmsten ist, dass ich es nicht hinbekommen habe, jedem die Gesamtzusammenhänge, das »Wieso« zu erklären. Und ich habe mir extra dafür eine Tüte Magnetautos und Magnetwerkzeug für mein Whiteboard geholt und habe das ähnlich wie »Sendung mit der Maus« erklärt. Aber leider nicht jeden damit erreicht. Und das ärgert mich am meisten.

Was die Fahrzeuge anging, hätte es eigentlich einfach sein können zu prüfen, welche Fahrzeuge uns gehörten und welche nicht. Nach der Theorie gehörte uns ein Fahrzeug, wenn es auf unserem Betriebsgelände stand, der Fahrzeugbrief im Tresor und der Fahrzeugschlüssel im Schlüsselsafe lag.

Nun fanden wir viele Briefe, aber nicht immer ein Fahrzeug dazu. Hier gab es mehrere Möglichkeiten: Wir hatten den Brief bei uns deponiert, da der Kunde sein Fahrzeug geleast hatte. Dann gehörte das Fahrzeug der Bank, der Brief war bei uns in der Treuhandverwahrung, der Kunde hatte Auto und Schlüssel. Oder es war unser Fahrzeug, wir hatten es aber als Langzeitmiete auf den Kunden zur Überbrückung zugelassen. Es gab auch die Kombination, dass wir den Schlüssel und das Auto hatten, aber keinen Brief. Hier hätte der Brief noch auf dem Weg zu uns sein können, weil der Vorbesitzer ihn erst bei seiner Bank ablösen musste und wir somit schon Eigentümer waren. Oder wir waren gar nicht der Eigentümer und hatten das Fahrzeug verkauft, es war nur noch nicht abgeholt.

Es gab aber auch Fahrzeuge, die uns gar nicht gehörten, obwohl wir Auto, Brief und Schlüssel hatten. Dieses war bei Fahrzeugen, die wir in Kommission für Kunden verkauften. Das passiert immer, wenn wir das Auto nicht ankaufen möchten, der Kunde sich aber nicht selbst kümmern will. Dann organisieren wir für ihn die Abwicklung und verkaufen in seinem Namen das Auto. Oder wir haben das Fahrzeug schon verkauft und das Geld schon erhalten, aber der neue Eigentümer hat es noch nicht abgeholt. Das passiert sehr häufig, wenn andere Händler aus ganz Europa ein Auto bei uns kaufen. Meistens schicken die erst einen Fahrer zum Abholen, wenn sie das Auto selbst weiterverkauft haben.

Daher war die Frage mit dem Eigentum an den Fahrzeugen nicht so leicht zu klären und zog sich tatsächlich monatelang.

WER HEISST HIER PLUTO?

Grundsätzlich ist es nicht möglich, einen Firmennamen zweimal zu vergeben. Gleichzeitig ist der Name der Firma ein hohes Gut, wenn er mit dem eigenen Familiennamen verknüpft und in der Region bekannt ist. Privatangelegenheiten fallen oft auf die Firma zurück und umgekehrt – wir mussten schon immer auf unseren guten Ruf achten und auf den Familiennamen »aufpassen«. Daher hielten wir es für keine gute Idee, die Firmen mit unserem guten Namen zu liquidieren, da zu schnell Gerüchte in Umlauf kommen und uns am Ende der Makel der vermeintlichen Pleite anhaften könnte.

Wir entwickelten die Idee, unsere Firmen vor der Liquidierung umzubenennen, um den Namen Bauer vor dem Vorgang zu schützen. So brauchten wir für sieben Firmen neue Namen. Ich wollte irgendwas Mädchenhaftes, so in der Art Mary Poppins oder Mickey Mouse. Irgendwas, was sich trotz der ernsten und traurigen Situation leicht anhört. Etwas, das Mut und gute Stimmung macht, weil man schmunzeln muss. Die Männer in der Runde meinten, Sternbilder wären gut. Ein Stern oder Planet ist etwas Solides, etwas Verlässliches, etwas Sicheres, was unserer Situation Stabilität und Halt gibt. Nach kurzer Überlegung kam der einzig mögliche Name heraus, der alles in sich vereint: Pluto. Er hat lange

Schlappohren und sieht süß aus, ist leicht und lustig und gleichzeitig ein Zwergenplanet. Also haben wir kurzerhand entschieden, unsere Firmen in Pluto umzubenennen und mit 1, 2, 3, 4, 5, 6 und 7 durchzunummerieren. Dann mussten wir nur noch festlegen, welche Firma welche Nummer bekam, hierbei sind wir geografisch in Flensburg anfangend und gegen den Uhrzeiger gegangen. Innerhalb weniger Minuten hatten wir eine eigentlich sehr weitreichende Entscheidung gefällt, da die Umbenennung rechtskräftig war. Schließlich wurden noch viele Vorgänge über die alten Firmen abgewickelt, weswegen der Handelsregisterauszug mit der Namensänderung zu allen Herstellern, Lieferanten, Arbeitsämtern, Sozialbehörden, Rentenkassen, Banken etc. geschickt wurde. »Pluto« zu liquidieren, tut aber nicht weh.

ALLEINE IST MAN NICHTS

Auch wenn ich diese Zeilen hier schreibe, heißt es nicht, dass ich allein die Taten vollbracht habe. Ich hätte mir ein Bein ausreißen können, ich hätte nichts erreicht. Diesen bis jetzt schwersten Teil der Unternehmensgeschichte haben ganz viele tolle Menschen zusammen geschrieben. Ich bin diesem Team, diesen einzelnen Menschen so sehr zu Dank verpflichtet, dass es gar kein passendes Wort dafür gibt.

Mein Mann, der zwar sein eigenes Berufsleben als Offizier der Marine hat, war schon immer ein Teil der Geschäftsführung, wenn auch nur durch Taten und nicht durch Titel oder Verträge. In einem Familienunternehmen lebt die Familie das Unternehmen. So auch bei uns. Er verfügt über ein hohes Maß an analytischem Denkvermögen gepaart mit ständigem Tatendrang und einer hohen Affinität zur IT und Programmierung, abgerundet mit Perfektionismus und einer sehr zurückhaltenden Art. Er ist ein Small-Talk-Hasser, aber ein systematischer Durchdenker und ein zielorientierter Macher. Genau diese IT-Kenntnisse, die durch viele Ausbildungen und Weiterbildungen qualifiziert untermauert sind, wie auch die moralische Unterstützung und die Kraft der zwei Herzen, die in unseren beiden Körpern in den ersten Wochen 24/7 für die Firma geschlagen hat, machte uns zu einem für kriminelle Russen unschlagbaren Unternehmer-Pärchen. Mein Mann und ich haben einen sehr großen Zusammenhalt, wir sind uns gegenseitig eine verlässliche »bessere Hälfte«. Wie Topf und Deckel – es variiert oft, wer der Topf und wer der Deckel ist. In der ersten Woche nahm mein Mann spontan Urlaub, um Tag und Nacht sein Wissen, seine bestimmend ruhige Art und sein Engagement mit einzubringen, um einen großen Anteil zur Rettung der Firma beizutragen, weil die Firma ein Teil unserer Familie ist.

Ein Familienunternehmen zu führen, ist nicht gleichbedeutend mit »einen Job haben«. Ich bin keine Führungskraft, die nur mehr verdient und wichtige Dinge erledigt. Es ist Teil meiner eigenen Identität. Einen Unterschied zwischen Arbeit und Freizeit gibt es nicht. Für mich ist das Führen eines Bewerbungsgesprächs, um jemanden ins Team zu holen, genauso positiv wie Hemden zu bügeln, um frische Wäsche im Schrank zu haben, hierzu muss man sagen, dass ich super gerne bügel und noch lieber Laub puste. Einen alten Fahrstuhl jährlich vom TÜV prüfen zu lassen, ist genauso unangenehm wie Müll hinauszubringen. Gespräche mit Kunden, Mitarbeitern, Freunden, Familie, Kollegen, Mitbewerbern können alle spannend, nett, freundlich, positiv, aber auch negativ und belastend sein – da kommt es immer auf den Inhalt, die Personen und die Umstände an, nicht auf den Ort – Firma oder Sofa.

So kann auch nicht jeder ein Unternehmer sein. Selbstständig bedeutet selbst und ständig. Wenn man das nicht liebt und als Teil seines Lebens betrachtet, kann man mit der Familie kein Familienunternehmen führen.

Mein Mann hat mich noch nie gebeten, das Handy wegzulegen, wenn ich noch eine Mail beantworte, einen Termin mit einem Mitarbeiter oder Kunden abspreche, wenn am Sonntag ein Kunde anruft, sich beschwert und ich vom Segelboot aus eine Lösung organisiere. Natürlich könnte man als Unternehmer zum Ausgleich mal einen Tag später kommen, aber was soll ich zu Hause, wenn ich weiß, dass ich in der Firma etwas bewegen kann? Uns ist nie der Spaß am Weiterkommen, am Weltverbessern, am Begeistern von Mitarbeitern abhandengekommen. Auch bei dem ganzen Hacker-Stress haben wir nie den ureigenen Sinn eines Familienunternehmers vergessen. Obwohl es nicht immer leicht war, als souveränes Vorbild immer lächelnd und unverletzbar zu sein, immer Zuversicht zu versprühen, immer eine Idee für unlösbare Aufgaben zu haben. Aber mein Mann und ich waren ein perfektes Dream-Team. Ihm konnte ich die Fragen verantworten: Wie soll das neue System aussehen? Wie stellen wir Firewalls auf? Wo binden wir welche Programme an? Wie schließen wir die Filialen an? Wie kommen Dateien sicher in die Firma? Diese ganzen Entscheidungen hat mein Mann mit Tim Krämer gefällt, sodass wir uns als Kaufleute und Vorgesetzte ausschließlich um Menschen, Zahlen, Autos kümmern konnten und nicht um IT. Und das ist bei dem Komplettausfall schon richtig, richtig viel Arbeit gewesen.

Tim Krämer hat mehr als einen riesigen Job gemacht. Er ist eigentlich »nur« ein externer Dienstleister, der Geld für seine

Arbeit bekommt. Er hätte jederzeit sagen können: »Das war meine letzte Rechnung, macht euren Kram allein, so viel Arbeit, so viel Ärger, so viel Zeit – ich hab auch noch andere Kunden.« Aber Tim hat mit uns gekämpft, als ob es um sein Unternehmen, um sein Leben ging. Ich glaube, dass kaum ein Dienstleister so viel Einsatz, so viel Loyalität und so viel von seinem eigenen Leben für andere gibt. Tim wirkte nach außen immer sehr ruhig, aber wenn man ihn ein bisschen kennt, konnte man merken, dass er total am Boden zerstört war, er seine Kraft bis zum Letzten für unsere Firma ausgequetscht hat, er mit uns zusammen nur für die Rettung unserer Firma gelebt hat. Nach einer Woche musste Tim dann nachts seine anderen Kunden bedienen, nachdem er für uns schon fast jede Nacht durchgearbeitet hatte, wenn nicht am Schreibtisch, dann doch denkend im Bett. Weil er auch sein Team bei uns im Unternehmen zur Rettung abgestellt hatte, musste er auch noch nebenbei die Arbeit seiner Mitarbeiter erledigen. Lange Zeit konnte er gar nicht mehr lachen, war höchst konzentriert und angespannt, manchmal wirkte er verzweifelt. Wir konnten uns immer auf seine Energie und sein Engagement verlassen, obwohl er genug andere Kunden hätte. Es ging ihm nicht ums Geldverdienen, sondern um die Herausforderung, eine fast unlösbare Aufgabe zu meistern und zu zeigen, dass er besser ist als die besten Hacker der Welt. Er wollte dem Bösen Paroli bieten.

Was wir nicht wussten: Eine Azubine hatte im Mai eine

Mail erhalten und einen verseuchten Anhang geöffnet. Damals hatte unser Sicherheitssystem die Mail bemerkt, hatte sie gemeldet, gekapselt, gelöscht und der Rechner hatte sich selbst vom System genommen. Tim Krämer hatte danach den Rechner formatiert und neu aufgesetzt. Aber dieser Vorgang, der vorschriftsmäßig gelaufen war, war zuerst in den Verdacht geraten, der Ursprung des ganzen Desasters zu sein. Die Frage verfolgte ihn, ob er als IT-Verantwortlicher im Mai nicht hätte anders handeln müssen und ob er damals alles getan hatte, was nötig gewesen war. Er überlegte, ob er durch seine vielleicht falsche Handhabung des damals aufgetretenen Virus vielleicht Schuld an dem ganzen Chaos hatte. Aber als die Kripo den Rechner untersuchte, stellte sie fest, dass dieser Virus nicht die Ursache des Cyber-Angriffes gewesen war. Danach fiel Tim ein Stein vom Herzen. Er hatte die ganze Zeit nicht darüber gesprochen, aber seine Gesichtszüge, seine Körperhaltung und seine Kommunikation zeigten auf einmal deutliche Erleichterung und Entspannung. Dabei haben wir nie jemandem die Schuld gegeben. Selbst als wir dachten, dass es die Azubine war, haben wir ganz klar an alle kommuniziert: »Wir wollen nicht wissen, wer eventuell den falschen Klick gemacht hat, weil es nicht um Schuldzuweisung geht.« Jedem, selbst Geschäftsführern, kann es passieren, daher hat die Geschäftsführung sowohl Kripo als auch Tim Krämer angewiesen, uns den verantwortlichen Mitarbeiter nicht zu nennen, sollte sich herausstellen, dass der Totalverlust durch unvorsichtiges Öffnen oder Klicken verursacht worden war. Womöglich hätten wir dieser Person sonst nicht mehr neutral gegenüberstehen können. Glücklicherweise war niemand der Belegschaft verantwortlich.

Bis jetzt ist die Ursache nicht ganz geklärt, aber der einzige Verdächtige blieb bis jetzt die Alarmanlage in Husum.

Dort haben wir erst nach ein paar Wochen festgestellt, dass die Alarmanlage die ganze Zeit versucht hatte, einen Kontakt nach Russland herzustellen. Unsere Firewall hat diese Versuche aber nicht durchgelassen, da sie nicht nur Angriffe von außen abwehrt, sondern auch Gefahren in die Gegenrichtung blockiert. So hat die infizierte Alarmanlage die ganze Zeit versucht, Kontakt mit einer IP-Adresse in Russland aufzunehmen, ist aber an unserer Firewall gescheitert. Als Tim Krämer durch Zufall das Protokoll der Firewall in die Außenrichtung aufrief, sah er die verzweifelten Versuche der Anlage. Das Gerät wurde sofort abgebaut und von meinem Mann persönlich zum LKA nach Kiel gefahren. Irgendwann hat man nämlich einen psychischen Status erreicht, an dem man niemandem mehr traut. Eine genaue Aussage konnte die Kripo nicht treffen. Zunächst schien der Täter in den Tiefen der Programmebenen, die in der Alarmanlage verbaut waren, entlarvt. Aber irgendwann wurde die Alarmanlage von der Kripo wieder als »nicht schuldig« in die Freiheit übergeben. Jetzt hängt sie wieder an der Wand und bekommt über eine separate Handykarte Kontakt zur Außenwelt. Von unseren Systemen wurde sie für immer getrennt. Ob sie Täter oder auch nur Opfer bzw. einfacher Erfüllungsgehilfe oder Mitwisser gewesen ist, werden wir wahrscheinlich nie erfahren. Auf jeden Fall geht die Kripo davon aus, dass richtig gute Hacker überall reinkommen, egal wie man sich absichert. Dafür sind gar keine unwissenden Mitarbeiter nötig, die, ohne nachzudenken, alles öffnen und anklicken, was die Welt über das Internet schickt.

Hauke Brodersen und ich sind zum Dream-Team eines Geschäftsführungs-Duos geworden.

Damals hatte sich Hauke Brodersen bei uns beworben, weil das mittelständische Familienunternehmen, in dem er arbeitete, mit einem Konzern verschmolzen wurde. Es gibt kein Richtig und Falsch bei der Größe eines Unternehmens. Es gibt große Konzerne, wo Aufgaben klar zugewiesen werden, wo Abteilungen Strukturen mit Vorgesetzten, Abteilungsleitern und Sachbearbeitern haben und wo es strikte Prozesse und Abläufe, Stellenbeschreibungen und Aufgaben geben muss, weil man sonst gar keine Ordnung in all die Leute und die Arbeit bekommt. Aber diese Arbeitsweise ist nicht für jeden die richtige.

Da Hauke Brodersen, genau wie ich, nicht für Konzerne geeignet war, kam die Bewerbung nicht unerwartet. Wir kannten uns bereits, da unsere Söhne die gleiche Grundschulklasse besuchten.

Schnell wurden wir uns einig, da sein Wille, aus der Konzernstruktur in ein mittelständisches Familienunternehmen zu wechseln, alles überragte.

Hauke Brodersen und ich als Geschäftsführungsteam ergänzen uns in unseren Stärken und gleichen Schwächen gegenseitig aus. Mich mögen keine Computer. Das merke ich daran, dass ich etwas logisch ablege und speichere, aber es nie wiederfinde. Bei Hauke ist das anders, er findet immer sofort alles, in jedem Programm, in jedem System. Er kann auch viele Programme gleichzeitig benutzen, springt hin und her und weiß genau, welches Fenster er mit welchen Infos wo offen hat. Er findet auch für mich auf meinem Rechner alles wieder. Wir können gleichzeitig über sieben Themen sprechen, manchmal trennen wir die Themen mit einem Punkt oder mit einem Komma, aber wir verstehen uns auch, wenn wir das einfach komprimieren. Wir werfen uns die wichtigsten Infos zu, manchmal mit Worten, es reichen oft aber auch nur Blicke oder Gesten. Und das Wichtigste: Wir haben großen Spaß, zusammen zu arbeiten, nehmen uns beide nicht so wichtig und könnten miteinander und über-einander lachen.

Wenn man so zusammenarbeitet und sich perfekt er-gänzt, ist das eine super Symbiose. Wir gehören beide der gleichen Spezies an: schnell, effektiv, entscheidungsfreudig, harmonieliebend, offen für Neues, wir klammern uns nicht an Konventionen, sind bereit, etwas auszuprobieren und es dann zu bewerten, halten uns nicht für perfekt und stehen zu unseren Fehlern. Auf der anderen Seite sind wir auch ganz unterschiedlich. Kennzahlen sind Haukes Ding, in der Seele Controller hat er die ganze Zeit wie für sein eigenes

Unternehmen alle Zahlen, Reportings, Berichte und die ganze Bürokratie abgewickelt. In den Systemen und Programmen macht ihm keiner etwas vor, selbst Excel ist sein Spezialgebiet.

Wir können uns gegenseitig vertreten, ohne dass wir uns abstimmen müssen. In den Termin des einen kann der andere ohne Abstimmung einspringen, weil wir die gleichen Werte, Zielrichtungen und Weltanschauung für unsere Firma haben.

Und: Hauke gibt auch nie auf.

Als wir an diesem Samstag, 11. Juni, den Start in eine neue Zeit begonnen haben, ins Ungewisse, waren wir alle extrem angespannt, aber die Stimmung untereinander war immer sehr gut. Wir waren konzentriert, haben nicht an unseren Fähigkeiten gezweifelt und nie ans Aufgeben gedacht. Vor allem hatten wir stets das Gefühl: Der andere steht an meiner Seite.

Ein Angestellter hat natürlich das Recht, nach seiner regulären Arbeitszeit oder in einer Krise auch mal nach Überstunden Feierabend zu machen und sich auszuruhen. Das kann niemand übelnehmen. Aber Hauke hat nie wie ein Angestellter gedacht, gearbeitet oder gehandelt. Er hat die ganze Zeit wie für seine eigene Firma agiert. Es gab keinen Unterschied zwischen Unternehmerin und Angestellten. Genauso sind auch die Mitarbeiter in der Buchhaltung nie wie bloße Angestellte aufgetreten, auch Sie haben für Ihr Unternehmen alles gegeben. Sie haben getan, was zu tun war. Die riesige Menge an Arbeit, die zu Anfang ungewissen Aufgaben, improvisierte Rettungsversuche – alles haben die Buchhaltung und auch die Geschäftsführung einfach angepackt und durchgezogen. Arbeitszeit verlor an Bedeutung. Es wurde alles unternommen, um die Firma zu retten. 250 Arbeitsplätze standen auf dem Spiel.

Es gibt viele Mitarbeiter, die sehr viel zur Rettung unseres Unternehmens beigetragen haben. Ganz viel über die eigentliche Aufgabe hinaus. Das ganze Team war absolut toll. Ihr habt die Firma gerettet, ich bin auch nur einer von den 250, die alle zusammen durch tolle Ideen, viel Engagement und kreative Improvisation alles zusammengehalten haben. Danke!

DATENSCHUTZ

In Deutschland halten wir uns an alle Vorschriften und Regeln, immer, wir schließen jegliche Gesetzeslücke mit einer Verordnung, auch in den unmöglichsten Situationen. Die Vorgaben werden befolgt, auch wenn der normale Menschenverstand andere Wege einschlagen würde.

Wir Deutschen halten uns an Gesetz und Ordnung – komme, was wolle.

So ist es in unserem Lande das Allerwichtigste, in einem Fall wie bei einem Hackerangriff als Erstes eine Anzeige bei der Datenschutzbehörde aufzugeben.

Nach Art. 33 DSGVO: Im Falle einer Verletzung des Schutzes personenbezogener Daten meldet der Verantwortliche unverzüglich und binnen 72 Stunden dieses der Aufsichtsbehörde.

In dem ganzen Chaos haben wir daran sogar gedacht – das ist in der Situation ganz großes Kino, weil es bei uns ungefähr so wichtig war wie die Sorte des Kaffees, die wir tranken.

Um eine Anzeige aufzugeben, gibt es ein Formular – wie sollten wir in Deutschland auch etwas ohne ein vorgefertigtes Formular erledigen können? Für uns wird immer schon vorgedacht – wir brauchen einfach nur noch zu tun, was der Staat uns vorgibt. Wenn jemand gehackt wurde, dann hat die Aufsichtsbehörde selbstverständlich für diesen Fall ein Formular vorbereitet, das nur noch auszufüllen ist.

Dieses Formular erwartet folgenden Inhalt:

Eine Beschreibung der Art der Verletzung des Schutzes personenbezogener Daten.

Wir hatten nichts mehr, keine Server, keine Daten, keine Computer und durchschauten gar nicht genau, was passiert war, schon gar nicht innerhalb von 72 Stunden. Vor allem wussten wir zu dem Zeitpunkt nicht, ob uns überhaupt Daten gestohlen worden waren. Wie sollten wir dann die Art der Verletzung angeben? Also haben wir in das Formular geschrieben: Keine Ahnung, ob Daten abhandengekommen sind.

In dieser Nacht haben 125 GB Daten unsere Systeme in Richtung Außenwelt verlassen. Diese sind über 17 verschiedene Server gelaufen. Zuerst versetzte mich das in Angst und Schrecken, aber wir hatten jede Nacht einen regen Datenaustausch mit den Herstellern. Die größte Menge waren Daten über Fahrzeuge, zum Programmieren, zum Reparieren und um unsere Tester auf dem aktuellen Stand zu halten. Dieser Austausch lag im Schnitt bei 80 bis 150 GB und lief in der Regel über bis zu 31 verschiedene Server. Also war die Feststellung, es seien 125 GB Daten abgeflossen, keine stichhaltige Aussage, weil es eine ganz normale Nacht gewesen sein könnte.

Der nächste Punkt in dem Formular war die Beschreibung der Art der Verletzung des Schutzes personenbezogener Daten. Auch hier konnten wir keine Angaben machen. War überhaupt etwas weg? Und wenn ja, was? Auch das haben wir nett umschrieben mit: Wissen wir auch nicht.

Ebenfalls die Fragen nach der Kategorie und der ungefähren Anzahl der betroffenen Personen konnten wir leider nicht beantworten.

Endlich kam eine Frage, die wir vorschriftsmäßig und eindeutig richtig beantworten konnten: Name des Datenschutzbeauftragten.

Anschließend sollten wir wahrscheinliche Folgen skizzieren. Keine Ahnung.

Darauf waren die Maßnahmen zu beschreiben, die zur Behebung ergriffen worden waren. Auch in diesem Punkt konnten wir nicht Rede und Antwort stehen.

Es folgte ein netter Hinweis: Stressen Sie sich nicht, wenn Sie die Informationen nicht alle zur gleichen Zeit bereitstellen können. Der Verantwortliche kann diese Infos auch ohne angemessene weitere Verzögerung schrittweise zur Verfügung stellen. Hier muss ich mal dazuschreiben, dass meine Lektorin bei der Bearbeitung Folgendes als Kommentar geschrieben hat: »Unklar. Was darf man unter einer angemessenen weiteren Verzögerung verstehen?« So steht es aber in dem Formular, ich habe die Worte nur abgetippt.

Wir haben dieses Formular ausgefüllt, so gut wir das eben konnten, es abgeschickt und waren stolz, dass wir in dieser Extremsituation daran gedacht hatten.

Dann passierte erst mal lange Zeit nichts. Wir dachten: »Alles klar, da sitzen kluge Köpfe, die das lesen und verstehen, dass wir das Formular nicht komplett ausfüllen können.«

Aber nein. Wochen später kam eine Aufforderung, dass wir bitte die Angaben in dem Formular über die Art der Daten und die ergriffenen Maßnahmen binnen 24 Stunden nachholen sollten. Was sollten wir tun? Auch Wochen später war der Stand noch der gleiche: Wir hatten keine Ahnung, ob Black Basta uns etwas geklaut hatte. Es sah nicht so aus, weil alle Server, über die etwas abgeflossen war, mit irgendwelchen Herstellern, Lieferanten oder Vertragspartnern von uns identifizierbar waren. Aber es konnten natürlich auch andere Server benutzt worden sein, denn die Ziele waren weltweit verteilt. Wir glaubten, es wären keine Daten geklaut worden. Das bedeutete jedoch nicht, dass die Aufsichtsbehörde diesen Glauben teilte.

Also schrieben wir innerhalb von 24 Stunden erneut, dass wir nicht wussten, ob Daten gestohlen worden waren, weil wir keine Systeme mehr hatten, in denen man das hätte nachverfolgen können.

Dann kam lange Zeit wieder nichts, bis uns die Aufforderung überraschte, dass wir nun endlich die offenen Fragen beantworten sollten, bevor wir mit einer Strafanzeige rechnen mussten. Nun haben wir einen Fachanwalt beauftragt. Danach ging die Schreiberei erst richtig los. Ich weiß nicht, ob in der Datenschutzbehörde Menschen mit Sachverstand arbeiten oder ob sie nach Anzahl und Länge der Anschreiben bezahlt werden – auf jeden Fall bin ich für so etwas nicht geboren. Wenn ich einer Aufsichtsbehörde schreibe, dass ich gehackt worden bin, dass ich keine IT mehr habe und auch nicht sagen kann, ob etwas abhanden kam, könnten sie doch mit normalem Menschenverstand an die Sache herangehen, statt immer die gleichen Fragen zu stellen und dann jedes Mal mit mehr Strafen zu drohen, wenn wir nicht nach Standardprozess antworten können.

Nach vielem Hin und Her kam der Moment, an dem die Kripo unsere Alarmanlage als mögliche Ursache für das Datenleck ausmachte. Daraufhin hatte die Datenschutz-behörde noch bessere Fragen: Wie lautete die Serien-nummer der Alarmanlage, wer hat sie gebaut, welche Zerti-fizierung hatte die Firma, die sie gebaut hat? Das Gleiche mit der Firma, die sie angeschlossen hat. Woher kam der Strom für die Anlage? War auch der Stromversorger ISO-zertifiziert, wo hat der Hersteller die Komponenten gekauft? Und immer, wenn wir die Fragen beantwortet hatten, kamen neue. Alles lief über unseren Fachanwalt, der sich mit dem Thema auskannte.

Irgendwann glaubte die Behörde uns und unserem Anwalt wohl nicht mehr oder sie brauchte eine offizielle Bestätigung zu der Sachlage – auf jeden Fall forderte sie über unseren Anwalt eine Einsicht in die Kripo-Akte. Jetzt passierte der worst case. Die Akte war bei der Kripo ver-schwunden. Allerdings wurden wir dafür verantwortlich ge-macht, die Papiere wiederzufinden und an den Datenschutz zu übermitteln. Woher sollten wir wissen, wo die Dokumente waren? Es gab den Vermerk im Ordner, dass die Unterlagen an eine andere Dienststelle ausgeliehen worden waren. Die Akte war noch aus Papier und nicht digitalisiert. Ein echtes Schriftstück zum Anfassen und zum Weiterreichen, das sich auf dem Schreibtisch unterwühlen ließ oder das ein Kollege auslieh und niemand wusste, wo es abgeblieben war. Jedenfalls war unsere Akte seitdem weg. Wir konnten wirklich nichts dafür, aber das glaubte uns der Datenschutz natürlich nicht.

Die ganzen Schreiben vom Datenschutz lasen sich, als ob wir die Kriminellen gewesen wären. Es wurden uns Strafen angedroht, mutwillige Unterlassungen unterstellt, wir wurden die ganze Zeit unter Druck gesetzt mit Fristen, mit dem Inhalt, mit dem Verfahren.

Ich würde mich freuen, wenn sich die Datenschutzbehörde, also das ULD, in unsere Situation versetzen und aus unserer Position ihre Abläufe überdenken könnte. Es geht nicht immer nach Vorgaben und Prozessen. Man kann nicht immer alle Formulare ausfüllen, weil man nicht immer alle Informationen hat.

Aber nicht genug des Ärgers, es kam noch schlimmer. So ein Hackerangriff tritt immer in zwei Stufen auf. Zuerst verschlüsseln die Hacker die Server und fordern eine Summe, damit die Geschädigten den Schlüssel freikaufen. Sollte das Opfer nicht reagieren, zünden sie Stufe zwei, um den Druck zu erhöhen, und veröffentlichen Daten. So kam es, dass uns nach einigen Monaten die Kripo informierte, auf den Leak-Seiten der Black Basta wären Daten von uns aufgetaucht: Personalausweise, Kundenrechnungen, Gehaltsabrechnungen und -listen. Mir wurde ganz schlecht. Ich befürchtete, dass die Hacker Geld von den Konten meiner Mitarbeiter stahlen, und habe eine WhatsApp an alle verfasst, damit sie ihre Konten gut im Blick behielten. Dann nahmen wir den Rechner unseres Sohnes und gingen im Darknet auf die Seite der Black Basta, den Link hatten wir von der Kripo. Dort standen Daten, aber nicht unsere. Die Personalausweise waren von Menschen aus Chemnitz, die Gehaltsdaten waren von einem Fliesenleger, die Excel-Listen konnte man nicht zuordnen, aber sie hatten nichts mit unserer Firma zu tun. Nichts davon gehörte zu unserem Autohaus. Diesen ganzen Vorgang haben wir der Datenschutzbehörde lieber verschwiegen. Zwar haben wir immer noch nichts Verbotenes getan, aber nach dem absurden Papierkrieg befürchteten wir, womöglich nachweisen zu müssen, diese ganzen Leute nicht zu kennen. Das hätten wir ihren Formularen nie klarmachen können.

Im Moment warten wir, wissen aber nicht genau, worauf. Die Kripo-Akte ist unseres Wissens nicht wiederaufgetaucht. Bestimmt kommt eine erneute Nachfrage des Datenschutzes, darauf eine Anfrage unseres Anwaltes an die Kripo und es wird mit noch mehr Fragen immer so weitergehen. Wahrscheinlich wird das Thema Datenschutz die letzte Baustelle sein, die wir wirklich abschließen können – jedenfalls sieht es bis jetzt so aus. Aber vielleicht werde ich noch eines Besseren belehrt.

WARUM WIR?

Bis heute rätseln wir darum. Warum wir?

Ich habe am Anfang gedacht, dass die russischen Hacker, von unserer Internetpräsenz geblendet, gedacht hatten, sie hätten die BMW AG mit Milliardengewinnen gehackt. Da wir uns nie die Erpressersumme angeschaut haben, spekulieren wir immer noch, ob es sich um 15 Mio. oder 50.000 Euro oder irgendwas dazwischen handelte. Bei einem zweistelligen Millionenbetrag wäre ich davon ausgegangen, dass sich die Hacker im Unternehmen geirrt hatten. Dabei wären sie nicht die Einzigen, vor vielen Jahren ist uns das mit einem damaligen Lokalpolitiker, inzwischen Bundesminister, auch passiert, was zu einer recht witzigen Situation mit absurden Gesprächen geführt hat.

Die Landesregierung hatte vor ein paar Jahren einen BMW I3, den ersten vollelektrischen BMW, bei uns für einen Minister aus Schleswig-Holstein bestellt. Die Fahrzeugübergabe sollte im Rahmen der feierlichen Einweihung einer Ladesäule auf Schloss Gottorf erfolgen. Wir wurden gefragt, ob wir dem glücklichen Minister sein neues Fahrzeug aushändigen und ihn ins Auto sowie ins Laden einweisen können. Damals wurde noch ein großes Brimborium um jede öffentliche Ladesäule gemacht, heute gehören diese ja zum Stadtbild dazu.

Nach unserer feierlichen Rede und Übergabe mit viel

Presse fragt mich der Politiker: »Und was machen Sie jetzt gegen den Vormarsch von Tesla? Was für Autos bauen Sie jetzt, wie sieht Ihre Elektrostrategie aus?«

Ich meinte daraufhin: »Aber ich bin doch nur Händler, ich baue keine Automobile, ich entwickle keine Fahrzeuge, ich kaufe nur die fertigen Produkte bei BMW und verkaufe sie an meine Kunden.«

»Wieso?«, fragte der Minister, »Sie sind doch BMW.«

Ich habe versucht, den Unterschied zwischen der BMW AG als Hersteller und der Firma Bauer als Händler zu erklären. Als ich feststellte, dass ich meine Position in der Wertschöpfungskette nicht klar darlegen konnte und immer wieder mit der Aussage »Mir können Sie doch ruhig sagen, was Sie geplant haben. Was bauen Sie nun für Autos, was planen Sie, wie sieht das Automobil der Zukunft von BMW aus« konfrontiert wurde, habe ich den Vergleich mit einem Kioskbesitzer gebracht. Dass ein Kioskbesitzer seine Chips auch nur beim Großmarkt kauft und dass die Firma Bahlsen auch nicht die Produktion nach der Meinung eines Kioskes ausrichtet.

Dann schüttelte er nur den Kopf, meinte, er wisse doch, dass ich von BMW sei.

Kurze Zeit später wurde eine EU-Förderung für die Schaffung neuer Arbeitsplätze, die über das Land Schleswig-Holstein zu beantragen war, für alle Unternehmen mit der Begründung »Autohandel verdient Milliarden, da müssen keine

EU-Gelder mehr reinfließen« genau von diesem Minister abgelehnt. Und wenn noch nicht einmal ein Minister den Unterschied zwischen einem Händler und einem Hersteller versteht, dann war es vielleicht bei den Hackern genauso, so meine Vermutung.

Hauke Brodersen hatte eine andere Theorie. Da unsere Firma im Internet die Domain Bauergruppe.de betreibt, dachte er, dass die Hackergruppe uns mit den Joghurtjungs verwechselt hat. Der Milchprodukte-Hersteller war eher ein riesiges Unternehmen, wo sich so ein aufwendiger Hacker-angriff lohnte.

Aber dann habe ich bei der IHK mit dem EU-Ab-geordneten Rasmus Andresen zusammengesessen. Er hat mir von dem Verdacht der EU erzählt, dass die Russen ge-zielt Infrastruktur und Mittelstand in Deutschland zerschlagen wollten. Daraufhin habe ich meine Google-Aktivität, meinen Interessenschwerpunkt und auch Gespräche mit Kripo und LKA auf diese Sichtweise verengt und sogar mit Mitarbeitern in Brüssel Kontakt gehabt, um die Frage zu klären: Warum wir?

Unsere Vermutung: Wir haben einen Betrieb in Weddingstedt bei Heide, der im Auftrag der Bundeswehr deren Tankwagen und Vorfeldfahrzeuge wartet, repariert und umbaut. Als einziger Betrieb in der Region können wir sowohl Schweißnähte röntgen als auch eine Dichtigkeits-prüfung durchführen und mit dem Eichamt zusammen mit unserer selbst entwickelten Tankauffüllanlage Eichungen vornehmen. Nun sind wir in Deutschland nicht die Einzigen, auch andere Firmen bieten diese Leistungen an, aber alles zusammen an einem Ort können nur wir anbieten.

Wenn unsere Firma durch russische Hacker ausgelöscht worden wäre, hätte die Bundeswehr einen immensen Aufwand betreiben müssen, um eine neue Firma zu finden und den ganzen Ausschreibungsprozess in Gang zu setzen. Das kann in einem System, in dem niemand alleine die Verantwortung trägt, sondern unzählige Abteilungen, Liegenschaften und Vorgesetzte involviert werden müssen, Jahre dauern. Im schlimmsten Fall müssten die Tankwagen oder Panzerfahrzeuge stillgelegt werden, weil aus irgendeinem Etat das Geld für Reparaturen neu beschafft werden müsste, wenn der vorgegebene Weg zerhackt wurde.

Daher gehen wir davon aus, dass wir von den Hackern nicht wegen unserer schönen Autos, sondern wegen unserer Systemrelevanz zum Transport von Treibstoff im Ukrainekrieg angegriffen worden sind.

Jetzt noch etwas Google- und Kripowissen: 95 bis 98 % aller Hackerangriffe geschehen rein zufällig. Jemand klickt auf einen falschen Anhang und öffnet eine Datei, die sich als Ransomware entpuppt. Ein Stick wird in den verseuchten Rechner geschoben und transportiert damit die Viren von einem zum anderen Rechner, meistens unbemerkt. So nehmen fast alle Hackerangriffe ihren Lauf. Der Hacker wusste vorher gar nicht, bei wem er landete. Nur ganz wenige werden gezielt ausgesucht. Ob das jetzt gut oder schlecht ist, ob man darauf stolz sein kann, weil man ach so wichtig ist, oder eher ängstlich, weil die Hacker vielleicht das Gleiche noch mal durchführen werden, will ich nicht in meine Gedanken aufnehmen. Ich speichere nur: Ist so, war so und wir machen das Beste draus. Die Antwort auf »Wieso wir?« ist nicht vom Notar bestätigt und daher kann es auch anders sein, aber für mich ergibt das Ganze so einen Sinn, weil die Kripo bei einer falsch angeklickten Datei, einem mit Viren verseuchten Stick oder einer falschen Programmnutzung die auslösende Datei fast immer bei ihren Laboruntersuchungen findet. Bei uns haben wir und auch die Kripo bis heute nicht herausgefunden, wie die Hacker in das System gekommen sind. Daher ist unsere Verbindung zur Bundeswehr für mich die wahrscheinlichste Antwort auf »Wieso wir?«

DIE NOT DES EINEN IST DIE FREUD DES ANDEREN – VERSICHERUNGSVERTRETER

Falls Sie jetzt fragen: »Wart ihr gegen Cyber-Kriminalität versichert?« Nein. Und das ist auch gut so!

Wir haben uns vor zwei Jahren von einer großen Versicherung ein Angebot über eine Cyber-Versicherung machen lassen. Damals mussten wir online viele Seiten über interne Serverstrukturen, Datenbanken, NAS, Backups, Systemstruktur und Seriennummern von Servern etc. ausfüllen, um ein Angebot zu erhalten.

Dieses Angebot lag jährlich bei über 60.000,-€ für unsere Gruppe. Und die Leistungen wurden nur bezahlt, wenn wir alle Mitarbeiter nach deren Vorgaben regelmäßig schulen, niemanden an die Computer lassen, die diese Schulungen noch nicht hatten, nur bestimmte Dateien durften noch empfangen werden. Unter diesen Versicherungsbedingungen hätte man theoretisch nie Praktikanten etwas im System tun lassen und jeden Azubi oder neuen Mitarbeiter erst mal zu einer Schulung schicken müssen, bevor er an einen Rechner darf. Das hätten wir garantiert vergessen, weil man ja oft sehr froh ist, wenn man neue Leute schnell an den Start bekommt.

Die Versicherung hätte Hardware und Software bezahlt. Da der Hackerangriff in einer Zeit passiert ist, wo es gar keine Hardware zu kaufen gab, weil Chips weltweit knapp waren, haben wir sowieso außer neue Firewalls keine Hardware gekauft. Vielleicht ein paar Rechner, aber wir haben unsere 25 Server und 200 Endgeräte behalten und nach dem Formatieren weiter benutzt. Und zur Wiederherstellung der alten Systeme hätten wir ja den alten Zustand nachweisen müssen – aber das konnten wir nicht. Weder Programme noch Rechnungen über Programme waren mehr da. Der wichtigste Punkt, warum ich auch nach dem Hackerangriff keine Cyber-Versicherung abgeschlossen habe, ist die Abhängigkeit. Wenn die Versicherung einen Schaden zahlt, dann möchte sie sich vorher darüber informieren, ob sie überhaupt zahlen muss. Und dafür würde sie Rechner und Server untersuchen. Es sind ja viele Dinge bei einer Versicherung ausgeschlossen. Bei der angebotenen Versicherung war z. B. eine Übernahme der Kosten ausgeschlossen, wenn jemand seinen privaten Stick mit z. B. Bildern in den Rechner gesteckt hätte. Um dieses auszuschließen, hätte die Versicherung sich erst alle Datenströme und Rechner angucken müssen. Wir hätten dann immer auf die Freigabe der Versicherung warten müssen, welchen Rechner oder Server wir jetzt formatieren dürfen. So konnten wir gleich am Montag loslegen und hatten am Freitag alle Endgeräte »gereinigt« und klar zum Start mit Betriebssystem und Office-Paket. Das wäre als Versicherter nicht gegangen.

Schön wäre es gewesen, wenn wir unseren Schaden bezahlt bekommen hätten, aber wir sind Dienstleister und verkaufen unsere Werkstattleistung an unsere Kunden. Wichtiger für uns war es, dass wir ohne Ausfall weiter die Fahrzeuge reparieren konnten, nötige Wartungen durchführen und Unfälle in Stand setzen konnten. Unsere Kunden sind ja auf ihre Fahrzeuge angewiesen. Daher hat »den Laden am Laufen halten« bei uns oberste Priorität.

Es gab noch einen Punkt, warum wir von Versicherungen Abstand genommen hatten: Ausgerechnet über die Anmeldedaten, die wir bei der Versicherung zur Angebotserstellung hinterlassen hatten, wurde der private Laptop meines Mannes gehackt und wir erhielten von der Versicherung und von unserem Versicherungsvertreter keinerlei Rückhalt. So nahmen wir an, dass von dort unsere Daten weiterverkauft worden waren oder die Versicherung womöglich selbst den Angriff inszeniert hat, um uns von der Notwendigkeit einer Versicherung zu überzeugen. Dieser Vorfall, der zwar keinen Schaden verursacht hat, aber sehr mysteriös war, hat uns ebenfalls dazu bewogen, auf eine Cyber-Versicherung zu verzichten.

Eine pfiffige Idee

Nach ca. zwei Monaten wurden wir vermehrt angesprochen, ob wir nicht versichert gewesen wären. Als wir diese Frage an einem Vormittag viermal gehört hatten, machte uns das stutzig. Beim fünften Mal habe ich zurückgefragt, warum sich die ganze Welt plötzlich dafür interessiert, ob wir versichert waren oder nicht. Vorher hatte uns niemand danach gefragt. Die Antwort war, dass ein pfiffiger Versicherungsvertreter in Flensburg rumlief und erzählte, dass die Firma Bauer gehackt und mit 1,5 Mio. Euro Lösegeld erpresst wurde und es für alle anderen Mitbürger besser wäre, wenn sie bei ihm eine Versicherung abschließen würden, damit ihnen nicht das Gleiche passierte.

Daraufhin habe ich den Herrn angerufen und ihn gefragt, woher er die Infos hatte, warum er mit unserem Namen Kunden warb, woher er die Lösegeldhöhe wusste – mir war sie nicht bekannt – und ob er schon mal etwas von Datenschutz gehört hat. Er bluffte mich gleich an, dass Datenschutz nur gegenüber Privatpersonen, Kunden und Mitarbeitern greift, wir aber gar kein Vertragsverhältnis hätten. Außerdem sagte der Herr: »Ich war das nicht!« Ich dachte, nach meinem Anruf hört er damit auf, aber leider fruchtete mein Gespräch nicht. Wahrscheinlich war er das eine schwarze Schaf, welches dem Vorurteil eines Versicherungsvertreters, mit dem Leid und der Angst des anderen seine Verträge zu verkaufen, voll gerecht wurde.

Da er nicht aufhörte, in Flensburg rumzurennen und den Leuten mithilfe unseres Schicksals als lebendes Beispiel Cyber-Versicherungen anzudrehen, habe ich meine Versicherungsmaklerin eingeschaltet, die mir sofort riet, einen Anwalt hinzuzuziehen. Ich hatte inzwischen zwei Mails von Kunden vorliegen, in denen er schnell noch eine

Versicherung abschließen wollte, bevor diese Kunden wie die Firma BMW Bauer 1,5 Mio. Euro Lösegeld zahlen müssten. Diese Mails haben wir einem Anwalt übergeben, der ihn aufforderte, es sofort zu unterlassen. Spätestens dann hätte ich erwartet, dass der Mann so viel Anstand besaß, einen riesigen Blumenstrauß zu kaufen, bei uns im Autohaus aufzutauchen und sich persönlich bei mir zu entschuldigen. Ich bin gar nicht so erpicht auf Blumen, aber die Geste wäre nett gewesen. Aber nein, gar nichts. Was für ein Blödmann. Der Klischee-Versicherungsvertreter hat nur erbost wieder mit »Ich war das nicht« reagiert, obwohl wir es ja schriftlich als Mail von seinem Account als Beweis geliefert haben. Meine Versicherungsmaklerin wollte dann, dass wir eine Verleumdungsklage oder so anstrebten, aber ich mochte nicht noch einen Nebenkriegsschauplatz eröffnen. Ich hatte genug Arbeit und Sorgen, da brauchte ich nicht noch mehr Anwaltsschreiben.

Marketingmäßig hat Herr Versicherungsmakler die Situation gut ausgeschlachtet. Aktueller Anlass, schnell reagiert, fleißig war er auch, gleich alle seine Kunden anzuschreiben. Ich werde nie rausfinden, ob ihm das was genutzt hat.

Von einem sogenannten Cyber-Experten einer anderen großen Versicherung bekamen wir den Tipp des Jahrhunderts: »Ach, da kenne ich einen super Trick. Sie verstellen Ihre Stimme etwas, nehmen mit den Erpressern Kontakt auf und sagen denen, dass Sie der Sohn von der Familie Bauer sind, noch zur Schule gehen und die IT nebenbei betreuen. Sie frischen damit nur ihr Taschengeld auf, bekommen bestimmt riesigen Ärger und Ihre Eltern werden ganz schlimm schimpfen. Die Erpresser sollen doch bitte das Lösegeld dem Umstand, dass ein Teenager die Summe aufbringen muss, anpassen.« Das hätte er schon oft gemacht und die doofen Erpresser wären jedes Mal auf diesen genialen Trick hineingefallen.

Ganz ehrlich: Wir haben nach diesem Telefonat das erste Mal wieder gelacht. Ich glaube kaum, dass die weltweit beste Hackertruppe sich durch eine Schulkindergeschichte erweichen lässt und aus Mitleid die Erpressung einem Taschengeldkonto anpasst oder ganz zurücknimmt. Probiert haben wir den Trick natürlich nicht.

SCHLESWIG VERSUS ITZEHOE – WARUM DENKEN DIE MENSCHEN ÜBERALL ANDERS?

Überall auf der Welt sind die Menschen verschieden. Ureinwohner während der Regenzeit im Dschungel haben ganz andere Probleme als Großstadtmenschen in der Rushhour in New York. Menschen denken anders, haben andere Erfahrungen gemacht, sind unterschiedlich. Für jeden basieren Normalität und der gesunde Menschenverstand auf einem eigenen Weltbild.

Die Unterschiede zwischen einem Dorf in der Savanne und dem norddeutschen Flensburg sind extrem. Wenn wir in Flensburg vom kalten Wind und Regenschauern genervt sind, würden sich Wüstenbewohner ein Loch in den Bauch freuen, wenn sie unser Wetter hätten. Wenn unsere Kinder in der Oberstufe sauer sind, dass sie immer noch Lateinvokabeln lernen müssen, wären Teenager in ärmeren Ländern froh, wenn sie in einer Schule sitzen dürften, statt den ganzen Tag zu arbeiten, um die Familie durchzubekommen.

Aber die Entfernung zwischen den Orten, die den normalen Menschenverstand unterscheiden, muss gar nicht so groß sein, es reichen schon 35 km. Der Abstand von

Flensburg nach Schleswig macht schon einen riesigen Unterschied aus, wie Menschen denken, was sie für normal halten und was für sie richtig oder falsch ist.

Da wir nicht nur Firmen gegründet haben, sondern damit verbunden neue Gewerbe anmelden mussten, brauchten wir für jeden Filialstandort eine eigene Gewerbeanmeldung für eine unselbstständige Filiale. Die Gesellschaft mit dem Hauptsitz in Flensburg wurde im Gewerbeamt Flensburg angemeldet. An dieser Stelle ein großes Dankeschön: Ohne große Schwierigkeiten kam der Gewerbeamtsleiter mit allen Unterlagen zu uns rüber, hat mit uns die Formulare ausgefüllt und der Fall war erledigt. Glücklicherweise liegt das Gewerbeamt in Sichtweite zu unserer Firma.

Am 1. Juli 2022 haben wir unsere Anmeldungen an die Gewerbeämter Schleswig, Husum und Heide geschickt. In Flensburg hatten wir bereits am 4. Juli 2022 die Bestätigung der Gewerbeanmeldung. Das ging superschnell. Fast genauso rasch, am 6. Juli, hatten wir die Gewerbeanmeldung aus Heide und am 14. Juli aus Husum zurück.

In Schleswig kam die Gewerbeanmeldung erst gar nicht an. Wir haben hinterhertelefoniert, Mails geschrieben und denen wieder hinterhertelefoniert. Am 19. August kam dann die Gewerbeanmeldung als bestätigt zurück. Aber am 30. August schrieb uns die Sachbearbeiterin der Stadt Schleswig, dass wir als Tätigkeit »Autohandel« angegeben hatten, und Autohandel gehörte zu den überwachungsbedürftigen

Gewerben gem. § 38 Gewerbeordnung. Dafür brauchten wir Führungszeugnisse der beiden Geschäftsführer, Auskunft aus dem Gewerbezentralregister nach § 150 Abs. 5 Gewerbeordnung jeweils für die beiden Geschäftsführer als auch für die beiden Firmen – spätestens bis zum 28. September 2022.

Ich weiß nicht, ob irgendjemand in der Stadt Flensburg schon mal den Versuch gemacht hat, sich ins Bürgerbüro zu setzen und auf einen freien Beraterplatz für den Antrag eines Führungszeugnisses zu warten, wenn man im Hintergrund sieben Firmen hat, die gehackt worden sind.

In diesem ganzen Chaos sollte ich in aller Ruhe im Bürgerbüro sitzen und stillschweigend warten, bis meine Wartenummer auf der digitalen Anzeige erschien.

Nachdem ich dreimal nach jeweils zwei Stunden Wartezeit aufgegeben habe, hatte ich beim vierten Anlauf Erfolg, indem ich mich 90 Minuten vor Öffnung des Bürgerbüros in die Reihe der Wartenden stellte. Allerdings bekam ich die Information, dass ich den Auszug aus dem Gewerbezentralregister dort gar nicht bekommen konnte, sondern im Gewerbeamt der Stadt Schleswig. Als ich die Sachbearbeiterin der Stadt Schleswig gefragt habe, warum das Gewerbeamt ein Dokument von mir verlangt, das ich bei ihr beantrage, um es ihr dann zu geben, meinte sie bürokratisch richtig, sie sei ja nicht ich und könnte für mich ja nichts beantragen, daher müsste ich schon selbst bei ihr den Auszug aus dem Gewerbezentralregister beantragen, um ihr das dann für die Gewerbeanmeldung zu überreichen – logisch 😊.

Auch wenn gerade die Digitalisierung meinem Unternehmen zum Verhängnis geworden ist, appelliere ich an die Stadt Flensburg, wenigstens ein Führungszeugnis online beantragen zu können. Da keine Unterschrift nötig ist, wäre es online möglich: Man gibt an, ein Führungszeugnis zu beantragen, und überweist dreizehn Euro. Das hätte mir viele, viele Nerven und Zeit gespart. Außerdem kann es nicht sein, dass jeden Tag Leute stundenlang im Bürgerbüro warten. Das Personal im Rathaus ist dann nicht richtig aufgeteilt. Zumindest wäre eine Terminvergabe sinnvoll, dann bräuchte ich nicht vier Stunden im Wartezimmer zu sitzen, sondern käme einfach erst zu meinem Termin.

Auf jeden Fall können wir von sehr unterschiedlichen Erfahrungen berichten: Das eine Gewerbeamt überblickte die Situation, sah, dass dieselben Menschen noch den gleichen Job machten, dass sich eigentlich nichts geändert hatte und man einfach einem Unternehmen in Not helfen konnte. Die andere Behörde sah nur den Antrag auf ein neu angemeldetes Gewerbe und zog den ganz normalen Striepel durch, als ob wir völlig fachfremd wären und ein Haufen Newcomer, die aus einer Laune heraus ein Autohaus eröffnen wollten.

Leider lässt sich nicht mit Vernunft oder gesundem Menschenverstand argumentieren, weil das Gewerbeamt

Schleswig die gültigen Vorgaben korrekt abgearbeitet hat, eine nach der anderen. Das Gewerbeamt Flensburg dagegen hat pragmatisch, hilfsbereit und zielorientiert gehandelt, ohne dabei gegen geltendes Recht zu verstoßen, weil sämtliche Unterlagen bereits für unsere bis zum 11. Juni laufenden Firmen vorlagen. Warum sollten wir uns in wenigen Tagen von »anständigen Unternehmern« in »auffällige Straftäter« verwandeln – wir hatten keine Zeit, um irgendwas Schlimmes anzustellen.

Eine kleine Anekdote: Mein Passwort-faux-pas

Ich nehme fast immer das gleiche Passwort und den gleichen Benutzernamen, aber IT-Fachleute wählen für jede Anwendung einen neuen Benutzernamen und ein neues Passwort. Es ist jetzt nicht so, dass ich mir keine Namen oder Passwörter ausdenken kann. Da bin ich bestimmt viel kreativer als mein Mann – ich habe zwar keine IT-Kenntnisse, aber Phantasie habe ich mehr als genug. Ich könnte mir jeden Tag die tollsten Benutzernamen und Passwörter ausdenken. Da hätte ich richtig Lust, immer neue Ideen und Geschichten dahinter zu entwickeln, ausgefallen, bunt, wild.

Nach unserem Hack musste ich mich ja überall neu anmelden – überall neue Zugänge erstellen, überall neue Passwörter eingeben. So auch bei der Fiat Bank. Die Maske geht auf, der Computer fragt: Benutzername. Ich gebe meine Mailadresse ein, weil ich in 95 % aller Fälle meine Mailadresse nehme. Das Programm antwortet: Eingabe nicht kompatibel mit Richtlinie. Dann gebe ich meinen Vornamen.Nachnamen ein. Auch wieder: Eingabe nicht kompatibel mit Richtlinie. Danach kürze ich meinen Vornamen mit einem Buchstaben ab, ich schreibe Vor- und Nachnamen hintereinander ohne Punkt und Komma, ich schreibe meinen Namen rückwärts, ich nehme Namen aus dem bei uns wohnhaften Tierreich, ich versuche alles, was mir so bekannt ist – und immer wieder: Eingabe nicht kompatibel mit Richtlinie. Also, geht ja nicht anders, ich lese die Richtlinie. Aber da steht gar nichts anderes als das, was ich eingegeben habe, außer der letzte Punkt: Der Benutzername und das Passwort dürfen mit keinem anderen vorher eingegebenen Benutzernamen oder Passwort identisch sein, nicht mal aufeinanderfolgende Buchstaben/Zahlen dürfen mit einem vorher verwendeten Benutzernamen übereinstimmen.

Da ich ja nicht mehr aus dem Kopf weiß, was ich früher für Worte eingegeben habe und inzwischen auch echt sauer über die immer wieder provozierende Antwort des Programmes »Eingabe nicht kompatibel mit Richtlinie« war – ganz ehrlich, irgendwann muss auch mal so ein Programm aufhören, immer und immer wieder auf stur zu stellen und kann ja wohl ein Passwort akzeptieren, was fast den Richtlinien entspricht. Aber so nicht bei der Fiat Bank. Also gebe ich völlig entnervt »BlödeBank123« und passend dazu »blödesPasswort123« ein. Und ... geht!!

Ich melde mich also an, arbeite, mache und tue. Irgendwann eine Woche später komme ich nicht ins Programm. Ich bin ja eine Frau und Frauen fahren nicht zehnmal um den Block, die fragen gleich nach dem Weg. Also rufe ich die Hotline an. Der Mann ist sehr nett, er erzählt mir, dass wir das mal zusammen probieren sollen. Dann kommt die Frage: Wie ist denn Ihr Benutzername? Sehr peinlich berührt sage ich ganz leise: »BlödeBank 123.« Leider hat der Bankmitarbeiter das nicht verstanden und fragt nochmal: »Entschuldigung, ich habe Sie nicht verstanden, wie heißt Ihr Benutzername?« Ich sage, diesmal mit dem Brustton der souveränen Geschäftsführerin eines anständigen Autohauses: »Blödebank 123.« Schweigen. Er überlegt. Er atmet. Dann schluckt er am anderen Ende der Leitung und fragt: »Und Ihr Passwort?« Ich merke: Das ist jetzt doof und wird jetzt richtig oberpeinlich. Daher: Angriff! Ich sage: »Kann sich ein mittelmäßig gescheiter Mensch ja wohl denken: BlödesPasswort 123.«

Daraufhin sagt der Bankmitarbeiter: »Ich gehe mal davon aus, dass du mich verulken willst und mit einer lustigen Idee fremde Leute verschaukelst. War echt lustig, viel Spaß noch.« Klick! Aufgelegt. Der hat einfach aufgelegt. Und ich kam immer noch nicht in mein Programm und fand es auch peinlich, nochmal bei dem Bankmitarbeiter anzurufen – so richtig souverän kam ich nicht rüber.

Nach dem Hackerangriff habe ich meine Taktik geändert, nun nehme ich immer andere Benutzernamen und Passwörter und versuche, sie mir aufzuschreiben. Aber 95 %

aller Passwörter werden vom System neu generiert, weil ich auf »Passwort vergessen« klicken muss. Ich notiere das neue Passwort bei der Eingabe, aber auf einen Zettel, eine Rechnung, die ich nicht mehr brauche, eine alte Weihnachtskarte, die gleich in den Müll soll. Dann schaffe ich es meistens nicht, die Notiz sofort in meinen Passworttresor zu legen, und irgendwann weiß ich nicht mehr, zu welchem Programm %fgRTHV49t gehörte. Irgendwann werfe ich den Zettel weg – und benutze die tolle Funktion: Passwort vergessen.

LESSONS LEARNED – KANN MAN SICH SCHÜTZEN?

von Michael Bauer

»Im Grunde gar nicht« ist die einfache Antwort. Es gibt wie in vielen Lebenslagen keine hundertprozentige Garantie.

Es dem Zufall überlassen und auf sein Glück hoffen, dass man nie betroffen ist? Lieber nicht.

Grundvoraussetzung für ein sicheres System ist ein automatisiertes Updatemanagement, um Sicherheitslücken direkt zu schließen, und zusätzlich ein zentrales Virenschutzprogramm, bei dem die Virensignaturen über das Netzwerk immer auf dem neuesten Stand gehalten werden.

Mein Rat, sich vor Cyberkriminellen zu schützen, ist, das Computernetzwerk funktional aufzutrennen. Was heißt das?

IP-Telefonanlagen, Alarmanlagen, Kameraüberwachungssysteme haben nichts in einem produktiven Netzwerk zu suchen. Vielleicht müssen auch administrative Systeme von produktiven Systemen getrennt werden.

Standorte und Filialen gehören nicht in das gleiche Netz.

Die Übergänge von dem einen in das andere erfolgt über Firewalls.

Das Zauberwort heißt Segmentierung.

Ein Netzwerk kleinteilig zu halten, erhöht zwar den administrativen Aufwand erheblich, aber macht es deutlich schwerer für Cyberkriminelle, das gesamte System zu erreichen. Wie tief so eine Segmentierung geht, hängt von den individuellen Bedürfnissen und dem Aufwand-Nutzen-Verhältnis ab.

Man kann sich die Segmentierung und Netztrennung wie einen dunklen Keller mit unendlich vielen verschlossenen Türen vorstellen, von denen niemand weiß, was sich dahinter verbirgt. Sich in diesem dunklen Labyrinth zurechtzufinden und sich einen Überblick zu verschaffen und das nur mit einer Taschenlampe, ist schwer und dauert lange. In einem großen verschlossenen Raum, in dem sich alles offen zeigt, nachdem man die Tür überwunden und das Licht eingeschaltet hat, ist dagegen sehr leicht.

In einem verschachtelten Keller mit vielen kleinen Räumen ist die Situation anders. Gelingt es dort, eine Tür zu öffnen, so befindet man sich nur in einem kleinen Teil, der dann von außen verschlossen und abgeschaltet werden kann. Der Schaden, der angerichtet wird, ist geringer und der verbliebene Teil des Netzwerkes ist weiterhin arbeitsfähig.

Die oben beschriebenen Maßnahmen sind die administrativen Grundvoraussetzungen. Zusätzlich haben wir das Haupteinfallstor für Viren, Trojaner und Co., das E-Mail-Programm, so konfiguriert, dass alle Anhänge außer PDF abgewiesen werden. Nur wenigen Nutzern ist es erlaubt, solche Dateianhänge zu empfangen.

Grundsätzlich ist eine Zwei-Faktoren-Authentifizierung notwendig, um sich mit dem Mailserver zu verbinden.

Die Schnittstellen an den Arbeitsplatzrechnern haben wir ebenfalls deaktiviert, sodass das versehentliche Nutzen von USB-Sticks oder anderen Datenträgern unmöglich ist.

Von den hochgelobten Awareness-Schulungen machen wir keinen Gebrauch. Bei dieser Schulung werden Mitarbeiter gezielt mit Schadsoftware oder Links konfrontiert, um sie durch eigenes Erleben aufmerksamer auf diese Art Gefahren zu machen. Ich bin der Meinung, dass die Nutzer dadurch eher frustriert als motiviert werden, aufmerksamer mit Datenträgern und Mailanhängen umzugehen. Ich weiß von geplagten Nutzern, deren Verhalten durch eine Awareness-Schulung so lange negativ verstärkt wurde, bis sie sich weigerten, Mails mit Anhängen zu öffnen.

Bei uns haben wir jetzt einen Kompromiss gefunden zwischen einem sichereren System und einem benutzerfreundlichen System. Es nutzt ja auch nicht, wenn das System super sicher ist, der Mitarbeiter aber Arbeiten nicht erledigt, weil ihn das ewige Anmelden, Zwei-Faktoren-Authentifizieren oder Neue-Passwörter-Vergeben so nervt, dass er die Programme meidet.

Es gibt keine Sicherheit gegen Hacker, es gibt nur die Möglichkeit, es ihnen schwerer zu machen und im Vorwege den Schaden bei einem Hackerangriff möglichst gering zu halten.

Ich drücke allen die Daumen, dass ihnen das nie passiert.

FAZIT

Nach unseren Erfahrungen gibt es kein Patentrezept bei einem Hackerangriff, da jeder Vorfall anders verläuft. Die meisten Hacker bereiten ihre Angriffe nicht so aufwendig und arbeitsintensiv vor wie in unserem Fall. Aber wenn man wie wir wirklich alles verliert, nicht nur einige Datenbanken oder einige Tage Arbeit, sondern wirklich alles, sollte man den Mut haben, sich von allem frei zu machen und ganz neu zu denken.

Cyber-Sicherheit ist wichtig. Sehr wichtig sogar. Aber wir sollten nicht glauben, dass man Sicherheit kaufen kann. Das Risiko lässt sich minimieren, vor allem in Bezug auf ein paar Hobby-Hacker, die es zuhauf gibt. Aber wenn es echte Profis auf einen abgesehen haben, gibt es fast keine Chance. Dann lohnt es sich nicht, mit »hätte, könnte und wäre« zurückzublicken.

Ich hatte ein tolles Team an meiner Seite, Kollegen, die »ihre« Firma retten wollten. Sie haben verstanden, dass es auf jeden Einzelnen ankommt, dass jeder wichtig ist, weil es um alle Arbeitsplätze geht und wir die nur zusammen retten können. Dafür musste ich aber immer alle mitnehmen, mit offenen Karten spielen und jeder Idee die gleichen Chancen geben. Ein gutes Verhältnis zu den Mitarbeitern ist das Wichtigste, und das stellt sich nicht erst nach einem Hackerangriff ein, sondern muss schon vorher bestehen.

Ich wurde bei einem Vortrag von einer Steuerberaterin gefragt, wie viele Leute denn gekündigt hätten. Niemand hat gekündigt! Das fand sie beeindruckend, weil sie erwartet hätte, dass viele das sinkende Schiff sofort verlassen hätten. Schließlich wussten wir am Anfang nicht, ob wir den Angriff wirtschaftlich und auch nervlich überleben würden.

Der wichtigste Punkt in so einer Ausnahmesituation ist, jederzeit Entscheidungen über Bord werfen zu können. Wir hatten ja keine Erfahrungen mit einer solchen Situation und keine Möglichkeit, einzuschätzen, was richtig und zielführend ist. So mussten wir immer wieder sehen, ob der Kurs, den wir gerade steuerten, auch mit den neuesten Informationen noch der richtige war. Es brachte dann nichts, darauf zu pochen, dass wir es aber so beschlossen oder immer schon so gemacht hatten, denn diese Situation war komplett neu und unbekannt. Wir mussten mutig sein und gewohnte Muster, gelebte Routinen und alte Verhaltensweisen loslassen. Die alte Firma gab es nicht mehr, also mussten wir uns und den Betrieb neu erfinden.

Ich hoffe, dass so etwas keiner anderen Firma passiert, das gönne ich nicht mal meinem ärgsten Feind – obwohl ich gar keine Feinde habe, wenigstens glaube ich das. Aber die Gefahr eines Hackerangriffs wächst ständig. Ich kann der Politik, dem Finanzwesen, der IHK und den Behörden nur raten, die Szenarien zu durchdenken und gute Übergangslösungen zu schaffen, damit gehackte Firmen nicht an deutscher Bürokratie den letzten Mut verlieren oder sogar scheitern. Wenn immer mehr Firmen gehackt werden, muss es dafür einheitliche Prozesse geben, damit die Firmen nicht von dem jeweiligen Sachbearbeiter im Amt abhängig sind. Bürokratie und Vorschriften sind für das »Normal« aufgestellt. Aber wenn es auf einmal kein »Normal« mehr gibt, muss es ja auch einen Weg geben. Vielleicht sollte ein Plan B oder eine Art Flexibilität mit in die Bürokratie aufgenommen werden, damit gehackte Firmen nicht zum Schuldigen werden, weil sie keine elektronische Bilanz abgeben können.

Uns haben sehr viele Behörden, Ämter, Unternehmen und Institutionen mit sehr viel wirtschaftlichem Sachverstand, pragmatischen, schnellen und unkonventionellen Lösungen geholfen.

Gute Lösungen gab es sehr viel mehr als bürokratische Wände, gegen die wir liefen. Wir hatten ganz viel Hilfe, Verständnis und ganz viele tolle Menschen bei unserer Rettung an unserer Seite gehabt.

Und wir haben wieder gesehen, dass wir die tollsten Mitarbeiter auf der Welt haben. Das war schon vorher so – und das wurde in der schweren Zeit noch einmal ganz deutlich. All diese Menschen zusammen haben unsere Firma gerettet und dafür allen ein riesengroßes DANKE!

NACHWORT

Da ich keine Autorin bin, ist dieses vielleicht kein perfektes Buch. Die erste Lektorin hat mir im Feedback geschrieben, dass die Leser mich mit negativen Bewertungen überhäufen werden, weil ich mir eher meinen Frust von der Seele geschrieben habe, als ein gutes Buch zu schreiben. Vielleicht habe ich auch alles runtergeschrieben, um den ganzen Hackerangriff auf meine Art zu verarbeiten. Aber ich glaube, dass es vielleicht einige Leser gibt, die es doch interessiert, wie wir mit der Situation umgegangen sind. Und was eigentlich alles passiert, welche betriebswirtschaftlichen Folgen es hat, wenn man sagt: Wir sind gehackt worden.

Ich bin keine Autorin – ich führe ein Autohaus, und damit habe ich auch genug zu tun. Daher bitte ich um eine milde Bewertung. Sollten Sie noch weitere Fragen haben, schreiben Sie mich einfach an: anja.bauer@bauergruppe.de oder rufen Sie bei uns an, unser Autohaus können sie unter www.bauergruppe.de finden.

Ich wünsche Ihnen allen großen Mut und viel Optimismus, Leichtigkeit und Zuversicht, sollte Ihnen einmal eine große Herausforderung in den Weg gelegt werden.

Ihre Anja Bauer

DIE AUTORIN

Anja Bauer ist Unternehmerin.

1930 gründete Albert Bauer das Familienunternehmen, welches sein Sohn Klaus mit viel Fleiß, Glück und Geschick zu einer mittelständischen Autohausgruppe im Norden Deutschlands ausbaute.

1968 in Flensburg als große Tochter in dieses Familienunternehmen hineingeboren, war Reiten neben der Schule bis zum Abitur ihre große Leidenschaft.

Nach dem BWL-Studium in Dortmund und Oldenburg stieg sie ins Familienunternehmen ein.

In erster Ehe wurde 1995 ihre Tochter Kim-Luisa mit dem Down-Syndrom geboren, für die sie viele Kämpfe zur Integration und für ein normales Leben auf sich nahm, 1997 kam ihre kleine Tochter Antonia zur Welt, inzwischen ist Toni mit ihrem Wirtschaftpsychologie-Studium fertig und arbeitet in Hamburg in der Medienbranche.

Damit es zu Hause nicht langweilig wurde, kam ein Labradorwelpe 1998 dazu.

Seit 1992 arbeitete Anja Bauer im väterlichen Familienunternehmen, in Zeiten, wo die Kinder klein waren, nur in Teilzeit, später dann in Vollzeit – oder drüber hinaus. 2004 wurde Sie von ihrem Vater zur Geschäftsführerin bestellt, 2010 dann Gesellschafterin. Die Bauergruppe vertritt die Marken BMW und MINI, Fiat, Nutzfahrzeuge und betreibt mit 250 Mitarbeitern 5 Autohäuser im Norden.

Nach friedlicher Trennung von ihrem damaligen Mann heiratet sie 2008 ihren Ehemann Michael, mit dem sie zusammen dieses Wirtschaftsabenteuer durchgestanden hat. Ende 2008 kam dann Ihr Sohn Emil zur Welt, der seine Freizeit mit Programmierung verbringt.

Mit allen 3 Kindern sorgten Urlaube auf dem Segelboot für schöne Familienmomente. Klavierspielen und lange Spaziergänge bilden einen Ausgleich zum manchmal stressigen Unternehmertum.

Ehrenamtlich engagiert sie sich in der KF-Innung und in der IHK als Vizepräsidentin.

.